発達障害グレーゾーン

姫野 桂 Kei Himeno
OMgray事務局（特別協力）

JN192894

はじめに

なぜ今、発達障害はこれほどまでに人々の興味を惹きつけているのか

この1年ちょっとの間に、発達障害関連の情報が爆発的に増えた。数多くの本が出版され、NHKをはじめとする地上波テレビでも何度も取り上げられ、さらにはネットではさまざまな専門サイトが登場して〝セルフチェック〟ができるサービスもたくさんある。

発達障害——。

いまさらだけれど、すごく人をひきつける力がある言葉だと思う。

「子供の頃から、なぜか友達の輪に入ることができなかった」
「学生時代はそうでもなかったのに、社会に出たらミスばかりでいつも悩んでる」

「同僚との雑談が苦手で、〝空気が読めない人〟と言われてしまう」
「衝動的にカッとなったり、一か所にジッとしていられず、周りに困惑される」

ずっと抱えていたそんな悩みの原因が、実は発達障害にあったのかもしれない。これだけ発達障害という言葉が広まったのは、そう考える人が現代の日本にはすごくたくさんいる証拠なのだろう。

私自身も今年の夏、発達障害当事者を追ったルポ『私たちは生きづらさを抱えている発達障害じゃない人に伝えたい当事者の本音』（イースト・プレス）を刊行した。

そもそも発達障害とは、生まれつきの脳の特性で、できることとできないことの能力に差が生じ、日常生活や仕事に困難をきたす障害だ。注意欠如・多動性障害（ＡＤＨＤ）、自閉スペクトラム症（ＡＳＤ）、学習障害（ＬＤ）という、大きく3つの種類があり、主な症状を挙げると以下のようになる。

ＡＤＨＤ…不注意が多かったり、多動・衝動性が強い

ＡＳＤ……コミュニケーション方法が独特だったり、特定分野へのこだわりが強い
ＬＤ………知的発達に遅れがないにもかかわらず、読み書きや計算が困難

ただ、この３つのうち「これだけが当てはまる」という人はほとんどおらず、実際には障害の程度や出方は人それぞれであり、ＡＤＨＤとＡＳＤを併存、または全種類を併せ持っている場合もある。だからこそ発達障害は「グラデーション状」だといわれている。

ちなみに筆者も発達障害当事者だ。私の場合、ＬＤが最も強く、２桁以上の繰り上がり・繰り下がりのある暗算ができない。また、ＡＤＨＤとＡＳＤの傾向も指摘されていて不注意傾向が強く、急な仕事が入ってくるなどイレギュラーな場面に直面すると極度の緊張感に襲われてしまう。

前著では知識ゼロからの取材だったので、取材を重ねるたび、新たに知ることが多く、部屋には発達障害関連書籍が日々増えていった。

そんななかで私は、発達障害に「グレーゾーン」と呼ばれる層があることを知る。グレーゾーンとは読んで字のごとく、発達障害の当事者が「クロ」で、定型発達（健常者）を

「シロ」とした際に、その中間に位置する層のことだ。詳しくは後述するが、このグレーゾーンのほうが、〝クロ〟と診断される発達障害の人よりも潜在的に多いとされている。

本書ではこれより、グレーゾーンに位置する人たちのことを「グレさん」と呼ぶことにしたい。

グレさんは、専門医から正式に診断されて障害者手帳を取得したり、薬を服用したりするほど程度は重くないが、定型発達（健常者）とも言いきれない存在だ。だから〝普通の人〟並みにできることも多い。しかし、彼らにはどんなに頑張ってもできないことがある。普通の人が簡単にできることを無理してやるので、そのぶん疲労も蓄積しやすい。普通の人の何倍も努力しないといけないため、足りない部分を補おうとセミナーに通ってお金や時間も多く使うという人もいた。仕事ができないけれど、どうにかクビを切られないよう、通勤中や休日も資格取得やコミュニケーションの勉強に励んだというグレさんも取材中に出会った。そこまでしてようやく人並みのパフォーマンスを発揮できるのだ。

重度の発達障害当事者は、自分の特性を知っていれば「私はこれができない」と、心のどこかで割り切ることができる。周りも「この人はこの作業が苦手だ」などと、接していてわかることもある。しかし、グレさんは一見すると、一通りの業務を普通にこなせているように見える。だからこそ本当はできないことも周りから期待されてしまい、誰も彼らが実際に抱えている悩みには気づかない。ある意味、障害者手帳を取得しているような発達障害当事者よりも、SOSの声をあげづらい現実があるのだ。

そうした学校や会社で困難を抱えているグレさんたちを支援してくれる場所はあるのか、当事者会はどんな雰囲気なのか、参加者はどんな悩みを抱えているのか……。

この本が、少しでもグレさんという存在の可視化に繋がればと思う。

２０１８年12月

姫野桂

目次

第1章　グレーゾーンとして生きる人たち

「大人の発達障害」という言葉が生む誤解

グレさんたちの話をする前に、まずは発達障害についてもう少し説明したい。冒頭でも触れたように、発達障害は大きく3つに分類されている。独特なマイルールがあったりコミュニケーションに問題が生じることが多いＡＳＤ（自閉スペクトラム症）、衝動的な言動や不注意などが目立つＡＤＨＤ（注意欠陥・多動性障害）、知的な問題はないのに簡単な計算や読み書きに困難が生じるＬＤ（学習障害）。

それぞれの特徴を解説すると、まずＡＳＤの主な症状には「コミュニケーション、対人関係の持続的な欠陥」や「特定分野への極度なこだわり」などがある。それによって〝本音と建前〟がわからず言葉通りに受け取ってしまい、コミュニケーションで問題が起こりやすかったり「空気が読めない人」と扱われてしまったりする。例えば、会社で「ここ、適当に片づけておいて」と指示を受けた場合、定型発達の人ならばある程度きれいに片づけようと思うだろうが、ＡＳＤ傾向が強い人はその表現のまま、本当に適当な作業で終わらせてしまう場合がある。

ほかにも、例えば太った人に対して「太ってるね」とストレートに言ってしまうような人や、一言「私はそれは嫌です」と言えばいいものの「○○である故、これを実施した場合、このようなケースが考えられるので、私としては賛同できません」というような論理的な理由と共に辞書を引いたようなしゃべり方をする人、親しくなってもいつまでも敬語を崩さない人などもいて、どこか不自然な印象を受けられがちだ。

また、反復的な行動や言動を好む傾向もあり、独特なマイルールを頑なに守る人もいる。例えば「朝起きたらシャワーを浴びて朝食を食べて新聞を読む」といったルーティーンをこなしてからでないと出社できなかったり、寝坊をしたとしてもその行動パターンを崩さないので遅刻の原因になったりする。

もう一つ特徴としては、興味を抱いたものに関しては徹底的に調べあげるなど興味の偏りがあることも多い。例えば、電車の時刻表や図鑑、地図といったものをすべて詳細に記憶しているケースなどがあるだろう。

次にＡＤＨＤだが、不注意の多い「不注意優勢型」と、多動や衝動的な言動の多い「多動・衝動性優勢型」の主に2種類がある。取材中、ある発達障害当事者が不注意優勢型を「のび太型」、多動・衝動性優勢型を「ジャイアン型」と表現していて、これはわかりやすい表現だと感じた。

のび太型である不注意優勢型は、その字のとおり、不注意や忘れ物が多い。書類の記入漏れやスケジュールのダブルブッキングといったうっかりミスが多く、注意力も散漫になりやすい。会議中にその会議の内容とは違うことを考えてぼーっとしてしまったり、居眠りをしてしまったりするので「やる気がない人」と誤解されがちだ。

ジャイアン型である多動・衝動性優勢型は、計画性を立てずその場の勢いで物事を決めたり発言をしたりしてしまうため、計画通りにいかなかったり、周りを振り回してしまったりする。また、衝動を抑えることが困難なので、順番待ちの列にイライラして割り込んでしまったり、他の人の意見をさえぎって、自分のしゃべりたいことを一方的に話したりしてしまうこともあるという。

最後にLD。これは知的には問題がないのに、読み書きや計算が困難な障害だ。文字が滲んで見えて読めない、カタカナやひらがなが混ざった文章だと混乱してしまう、小学生レベルの漢字が覚えられない、文章自体は読めるが問題文になると理解できない、などと特定分野のみできないケースが多い。

また、計算に関しては、指を使わないと2桁の暗算ができない、かけ算の九九がどうしても覚えられない、筆算をすると桁がずれていって混乱してしまう、空間認識が苦手で地図が読めなかったり立方体を描けない、などといった特徴がある。これらは勉強をするうえでぶつかる壁なので、子供の場合、勉強ができないことをコンプレックスに感じて自己肯定感が下がってしまうケースも見られる。また、大人になっても文字を書かないといけない場面や計算をしないといけない場面で困難が生じてしまう。読み書き・計算の両方が難しい場合もあれば、計算のみできない、漢字だけ覚えられないといった、部分的に苦手なジャンルが生じるケースもある。

そして、これらは後天的に発症するわけではなく、生まれつきの脳の機能の問題とされている。昨今「大人の発達障害」という言葉を耳にすることが増えたが、これは「大人になるまで見すごされていた障害」というほうが正しい。子供の頃は少し多動気味だったり不注意があったりしても、それが「子供らしさ」として見落とされているケースが多いからだ。また、そそっかしい子だったりすべての鉄道の種類を覚えているようなこだわりがある場合も、周りはそれを個性と捉えて障害だと思わないこともある。

ところが、社会に出たとたん、マルチタスクをこなせなかったりケアレスミスが多かったり、人間関係でトラブルを起こしやすかったりして、発達障害の特性が表面化することになる。そうすると周りから「仕事ができない困った人」とレッテルを貼られることもあり、本人は「なぜ自分はこんなにもできないんだ」と悩みを抱える。

私はこれまで多くの発達障害当事者を取材してきたが、やはり「勉強はそこそこできる子供だった」、「少し変わっていると思われつつも好きな人とだけ付き合っていればよかったので、社会に出るまではあまり悩まなかった」という人が少なくなかった。もちろん、他の人と違うことでいじめられたり、不登校になってしまったというケースも大勢いたが。

社会に出てからの困りごとも人それぞれ。

「机まわりの片づけの仕方がわからず、いつもグチャグチャのままにしてしまう」
「仕事の優先順位をつけられず、すぐにやらないといけない仕事を先延ばししてしまう」
「時間の逆算が苦手で毎日のように遅刻してしまう」
「短期記憶が苦手で、会議で一人だけ内容についていけない」
「他愛のない会話の意義を見いだせず、職場での雑談にうまく混ざれない」

そういった具体的な悩みは当事者取材のなかで数多くあがった。

「発達障害＝すごい才能の持ち主」という安易な認識

そんな人たちの存在が明るみになったのが、昨今の発達障害をめぐる状況だと思う。ただ、今の世間での発達障害の扱われ方を見ていると、少し違和感もある。

たしかに発達障害を抱える人のなかには、「できないこともあるけれど、ある特定のジャンルにおいては驚異的な能力を持っている」という人もおり、ＩＴや芸術、音楽などの分野で活躍している著名人もいる。そのため「発達障害者＝すごい人」というイメージも世に広まっている印象があるが、そのような才能を持っている人は、あくまでほんの一握りだ。多くの発達障害当事者は社会的に困難を抱えているし、苦しむ人の声は埋もれている。

ただ、発達障害者でも薬の服用や、福祉制度の利用、日々のちょっとした工夫により、困りごとを減らすことは可能だ。現在、ＡＤＨＤに関してはストラテラやコンサータといった薬が存在し、それによって症状を和らげて状況がよくなったという声も聞く。私も当事者の一人として、もし、これを読んでいる人のなかに発達障害の方がいたとしても、「発達障害だからといって極度に落ち込む必要はない」と言いたい。発達障害は能力の偏りがあるという事実のみで、それ以上でもそれ以下でもないと、個人的には思っているからだ。

それよりも、失敗経験を重ねるあまり自信をなくして卑屈になったり、うまくいかないストレスからうつ病や双極性障害、適応障害、睡眠障害、自律神経失調症などの二次障害を起こして潰れてしまったりすることのほうを、よほど防がないといけない。発達障害の人は幼少期から普通の人ができることができず、親や教師に怒られて育つ傾向にあるため、自己肯定感が低くなりやすい。そして、「また失敗するのではないか」と周りの顔色をうかがって行動をするようになったり、必要以上に自分自身に負担やプレッシャーをかけるようになったりしてしまう人がとても多いのだ。

前著を上梓したときの取材のなかでも、実に9割近い当事者がなんらかの二次障害を引き起こしていた。「発達障害そのものより二次障害のほうがしんどい」と語っていた人もいたほどだ。うつ病や睡眠障害で病院を受診し、よくよく検査した結果、それらの症状の根底には発達障害があったというケースは非常に多い。発達障害そのものよりも二次障害のほうが強く特性が出て見えるからだ。発達障害そのものでは倒れなくても、うつ病は物理的に体が動かなくなるし、適応障害により発熱することもあるので、体調不良がわかりやすい。

例えば、過去に取材した人のなかにはうつ病の症状が重く、リストカットや自殺未遂を経験している人がいた。しかし、発達障害が原因だと長らくわからなかったため、ずっと周りからは「メンヘラでめんどくさい」という扱いを受けてきたという。ほかの人ができることができないというストレスで二次障害が引き起こされたのに、それをめんどくさいと言われたら、まるで傷口に塩を塗り込まれている状態になってしまう。

また、発達障害の特性や重軽の程度は人それぞれなので「仕事の納期を守れないから発達障害だ」「遅刻癖があるから発達障害だ」などと、単純に当てはめればいいという話でもない。発達障害はグラデーション状の障害であるため、「ここから先が発達障害でここまでが健常者」という、はっきりした線引きがないことを知っておいてほしい。

発達障害の「傾向はある」けれど「診断はおりない」人がいる

とはいえ一般的には、成人の発達障害の傾向を見るのには「WAIS－Ⅲ（ウェイス・スリー）」という心理検査が使われることが多い。これは臨床心理士が口頭で質問するのに対して答える、IQテストのようなものだ（今年に入って最新の「WAIS－Ⅳ」も登場しているが、現時点ではⅢを受ける人のほうが多い状況）。

その結果、言語性IQ（言語を使用する知的能力）と動作性IQ（動作による作業で反応する知的能力）の差が15以上あれば「発達障害の傾向がある」とされている。私の場合、その差が20であったこともあり、発達障害の傾向があるとされた。過去には言語性IQと動作性IQの差が40近くも開いている当事者に出会ったこともあり、その人は難関大学を卒業しているのにもかかわらず、職場では単純な書類仕事や電話応対ができないことからストレスを感じ、うつ状態に陥っていた。

さらに実際の発達障害の診察では、医師はWAIS－Ⅲのほかにいくつかの心理検査や聞き取りなどを組み合わせ、総合的な結果から「あなたは発達障害です」と、最終的な診断をくだすことになる（詳しくは「第4章」で後述）。

では、グレさんとはどういった存在なのかというと、主にこの「傾向がある」と「診断がおりる」の間にとどまったままの人たちのことを指す。そのほかに「発達障害の特性を自覚しているけど、まだ診察を受けたことはない」という人もいれば、「一度は発達障害じゃないと診断されたけど、ほかの病院に行ったら診断がおりた」という人もいたが、いうなれば、発達障害と〝普通〟のはざまにいる人といったところだろうか。

何度も言うが、発達障害は「ここからが障害」という明確な線引きがないため、医師によって診断結果が違う場合がある。そのため、微妙なラインだと「発達障害の傾向がある」という言葉で済まされて、診断はおりないことがある。

たしかに重度の発達障害の人に比べたら、グレさんたちの症状の現れ方は軽いものなのだろう。もしかしたら、なかには発達障害じゃない人だっているかもしれない。

しかし、みんなそれなりに勇気を振り絞って専門医を訪ねるのだから、その裏には「この状況をなんとかしたい」という切実な思いがある。今回、話をうかがったグレさんたちも、ほとんどが仕事や日常生活においてできないことが発生していて、現実問題として何かに困っているから受診した人ばかりだ。前作でインタビューした発達障害当事者のなかにも、困っているから受診したのに「傾向はあるけど気にならない程度でしょう」と済まされてしまい、「いや、気になっているから受診したのに」と別の病院を受診したところ、無事に診断がおりたという人がいた。

私も検査を受け、診断結果が出るまでの約1か月間、「できないことがあるのは自分の努力不足なのではないか」、「これで発達障害でなければ私ができないのは何のせいなのだろう……」という不安を抱いていた。だから、グレさんたちの「どこにも属せない自分」への葛藤は、とてもよくわかる。

グレーゾーンの人には周囲の人も気づかない

発達障害の人の割合には諸説あるが、一説によるとASDは20人に1人、ADHDは10人に1人とされている。正式な診断がおりるレベルの人だけでなく、グレーゾーンまで含めればさらに多くの人が該当するという見解もある。学校なら1クラスに数人いてもおかしくないし、それなりの規模の会社ならもはや〝いるのが普通〟という割合だ。

「ギリギリなんとか働けてはいるけれど、やっぱりどうしてもできないことがある。だから生きづらい」

そういった悩みを抱えたグレさんがいることに、周囲にいる人たちもなかなか気づけない。発達障害と聞くと、なんとなく「周囲とコミュニケーションがとれない人」といった、ステレオタイプなイメージを持つ人が多いと思う。たしかに重度のＡＳＤ傾向を抱えた発達障害当事者だとそういった場合も多いのだが、症状が軽度のグレさんには、そのイメージはあまり当てはまらないことが多いのだ。

以前、雑誌『週刊ＳＰＡ！』で掲載された「大人の発達障害　診断リスト」（２０１８年10月９・16日合併号）という特集記事にかかわった際、発達障害カウンセラーの吉濱ツトムさんに話を聞く機会があった。吉濱さん自身も発達障害当事者で、発達障害に関する書籍も数多く出している。そのときに聞いた話がグレさんたちの状況を的確に表していたので、あえてここで紹介したい。

「今はようやく日本でも発達障害という知識が精神科や心療内科の現場にまで入ってきていますが、それでも軽度の発達障害の症状しか示さないグレーゾーンの人の場合、通常の精神科・心療内科に行ってもうつ病など二次障害だけで診断されることが多いんです。となんでもなく重い発達障害であれば、パッと見てたしかに独特な雰囲気や言動をしているから医者もさすがに気づくんです。けれどグレーゾーンの人だと、まず気づけない。しかも短期間で行う面接においては、グレーゾーンの人だと受け答えがしっかりしているし、礼儀正しいし文章の使い方も的確。だから『この人は発達障害だ』という概念が生まれないんです。医学書に書いてあるとおりの障害特性とは、かなり変わってきちゃうので。重度のアスペルガーだったならば教科書通りで空気は読めないし、話せないし、感情表現も薄いのですが、グレーゾーンの人になると、雑談が多少苦手だとしても受け答えは的確だし、まさか『この人は発達障害だ』とは思わないわけです」

むしろコミュニケーション能力が普通の人よりも高い人すらいたりするわけだ。ただ、コミュニケーションが取れているように見えても、実はだいぶ無理をしていたり、努力した結果身についた産物だったりする。だからこそ会社や学校では周りの人たちに〝見えづらい〟し、信頼して仕事を任せると「あれ、この人全然できないじゃん」と、ギャップに困惑してしまう。ときには「怠けているだけ」と、幻滅することも出てくる。そんな状況で働き続けた人たちが「もしかして」と自分を疑い、病院に殺到しているという現実が、たしかにある。そんなグレさんたちの姿を、次章から詳しく見ていこうと思う。

第2章　グレーゾーン限定の茶話会「ぐれ会！」体験記

日本で唯一「グレーゾーン限定」を謳う会

発達障害とは診断されていない、でも定型発達（健常者）の人とも違って生きづらい。世の中にたくさんいるグレさんたちは、どのような悩みを抱え、どのように日常生活を送っているのか。それを知るために私は、グレさんたちが殺到している、ある会に参加することにした。それが、グレーゾーンを対象にした茶話会「ぐれ会！」だ。

ここ数年、発達障害の認知が広まったことにより、今では多くの当事者会やイベントが全国各地で開催されている。しかし、そのなかでもこのぐれ会！は、参加者を基本的にグレーゾーンの人だけと限定しているところが、かなり特殊だ（ほかに支援職に従事している人や家族の人などが勉強のために参加することもある）。会は毎月1回、高田馬場にある「Ｎｅｃｃｏカフェ」というお店のスペースを借りて開催されることが多い。

病院で診察を受けても医師から正式な診断を受けるまでに至らなかった人や、未診察だが「もしかして」と自分が発達障害じゃないかと疑っている人。

そういった人たちが集まり、毎回トークテーマを変えながら、お茶やお菓子を食べつつ気軽な雰囲気で話し合う内容になっている。参加費は500円。完全予約制で、SNSなどを使った大規模な告知もしていない。ただ、それでも募集をかけると数日で予約が埋まってしまうほどの盛況ぶりで、2018年3月の初開催から1年足らずで約200人が参加してきたという。また、ぐれ会！を主催する支援団体「OMgray（オムグレイ）事務局」が開くほかのグレーゾーン向けのイベントを合わせると、これまで400人以上が参加してきたそうだ。

イベントに参加すること自体が、非常に勇気のいる行動

私がぐれ会！に参加したのは、2018年10月21日のこと。19時半からスタートする、第8回目の開催日だった。

「この会のテーマは共感です。仕事の悩みや愚痴を話せる場所にしたいと思っています。自分の話を聞いてもらいたいとき、あまり意味のない解決策を提示されて『なんか違う

な』と感じたことのある方もいると思います。そこで、ただ話を聞いてもらいたいという場所を作りました。お互いの気持ちに寄り添って尊重し合える、そんな場所にしたいと思っています」

今回のぐれ会！で司会進行役を務めた、陽介さん（仮名）は、はじめの挨拶でそう語った。続いて、ぐれ会！を主催するＯＭｇｒａｙ事務局の代表であるオムさんが、挨拶と基本ルールの説明をした。

「こんばんは。ぐれ会！を主宰しているオムと申します。発達障害のグレーゾーンである『症状はあるけれど、認定（医師の診断）には至らない』みたいな人達だけで集まったら自分たちの悩みをより親密に相談できるのではないかと、この会を作ってみたら、今回でもう第8回になりました。やっぱりこういう会がコミュニティとして求められているのかなって、みなさんが集まってくれているのを見ていると、うれしいです。

ではグランドルールについてご説明します。一つ目は守秘義務。グレーゾーンの方は〝クローズ就労〟の人が多いです。発達障害の症状を隠して普通に会社員をやっていたりとか、または家族に隠していたり友達に隠していたりという方もいらっしゃると思います。そういったなかでこういうイベントに来ることは非常に勇気のいる行動だと思います。なので、もし『誰々がこういうイベントに来てたよ』みたいに個人情報がＳＮＳなどで広まったりすると、その人が社会的に死にます。ちなみに僕もクローズ就労しているんですけれど、会社には（発達障害のことを）言えないです。なので、僕が来てるって広まったら、この会は潰れます。そういった結構デリケートなものなんだよっていうことは、頭のなかに入れておいてください。

もう一つは、参加者はみんな平等という意識です。人をけなしたり悪口を言ったり、上

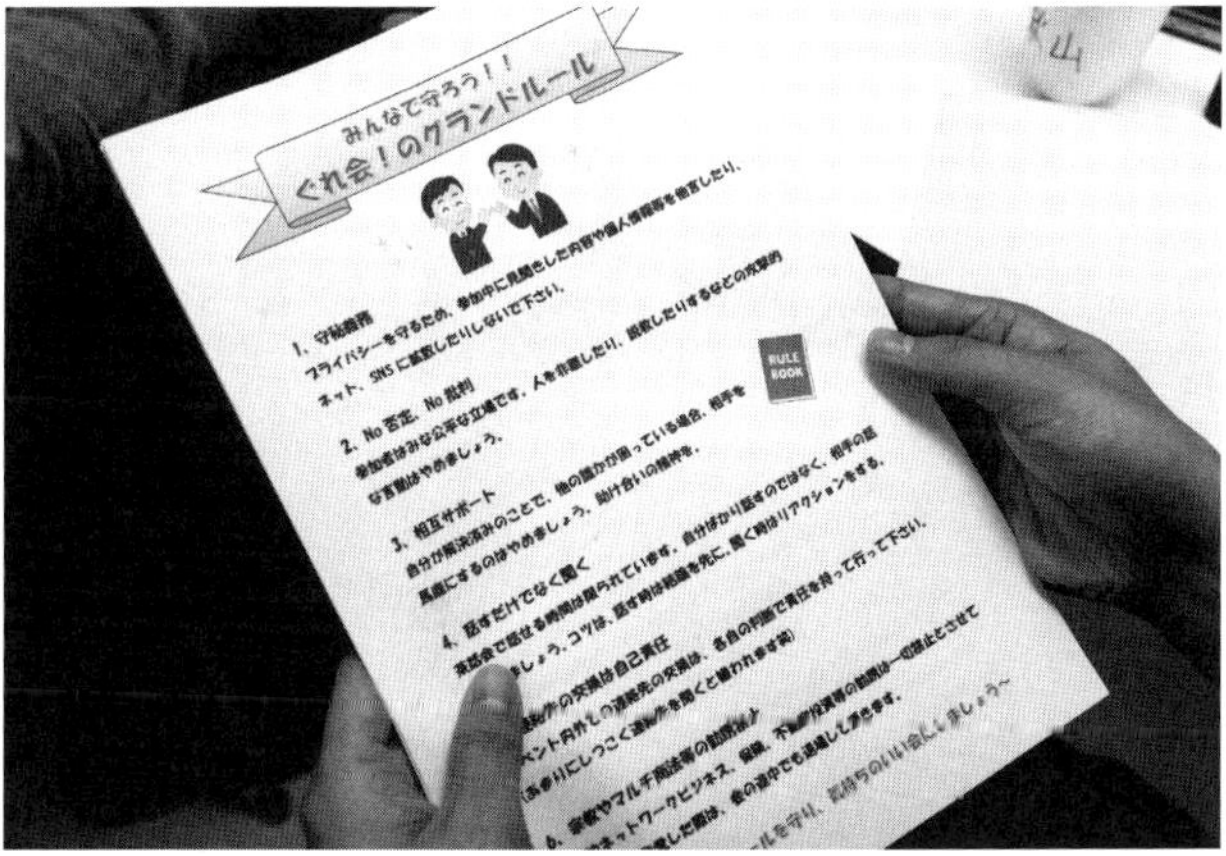

ぐれ会！で参加者に配られたグランドルールを記載した紙

から目線で説教をしたりマウントをとったり、そういったことはやめましょう。あと、能力が高い人が低い人に対してマウントをとるっていうことはよくあるんですけれど、反対に『あなたは運がいいよね』みたいな、ねたみを利用してマウントをとるタイプの方も、社会には結構いらっしゃるんです。それなりにみんな背景が違って悩みもそれぞれありますす。それぞれの悩みや意見を、まずは肯定しましょう。もちろん自分の意見も尊重していこうということです。自分が悩んでいることに対して誰かに解決してもらって、それに対して『キミはまだ解決していないんだ』みたいな感じで言っちゃうと、すごく嫌な人なので、自他共に尊重し合うという意味でお互いに助け合う精神を持ってください。

初参加の方も結構いらっしゃると思うので、どう話したらいいかわからないということもあると思います。そんななかで常連の人たちだけで盛り上がっちゃったりすると、メッチャつまらなくなっちゃうので。初心者の人も常連の人もみんなが盛り上がるような会を、一人ひとりが意識して作り上げていきましょう」

このほかにも「連絡先の交換は自由だが、自己責任でやってほしい」「宗教やマルチ商法への勧誘は禁止」など、参加するうえでの基本ルールが説明された。

ぐれ会！は基本的に、診断がおりなかった人のための会だが、参加した後になって検査を受けたら、〝クロ〟と診断された人もなかにはいるという。それまではグレさんだと思って会に参加していたが、実際にはれっきとした発達障害だったというパターンだ。

ただ、診断がおりたからといって今後は参加できないということはなく、そのあたりは柔軟に対応していくとのこと。まだ発足して1年弱の会なので、参加者の定義や運営方針などは模索中なのである。

冒頭で挨拶した陽介さんやオムさんも、そんなグレさんの一人。会社には自分の発達障害のことを公表せずに働いている。いわゆる「クローズ就労」と呼ばれる存在だ。クローズで働いていると「なぜあの人はミスが多いのか？」「なぜあの人は少し言動が変わっているのか」と周りから思われてしまっているのではないかと不安になるという。根拠のない漠然とした不安を抱えたままヒッソリと働いている人が多いのだ。

当然のように、この日も会場は満席だった。ぐれ会！には毎回、20～30人ほどが参加している。そのなかで5、6人ごとに3～4つの島に分かれ、同じグループのメンバーとグループディスカッションのような話し合いをする。

私もスタッフに通された席に座る。テーブルの上にはお茶とお菓子が置かれ、「目の前に用意されているシールに自分の名前を書いて、胸に貼っておいてください」と促された。会場を見渡してみると、男女比は若干男性が多めで、詳しい年齢は聞いていないが20、30代を中心に、一部40代と思しき人もいた。

まずはファシリテーターがタイマーをかけ、一人30秒ずつで自己紹介をすることに。簡単に名前（仮名やニックネーム）と趣味を述べる。私の班のファシリテーターは司会進行役をしていた、陽介さんだった。

「姫野と申します。今日はぐれ会！を体験さ

この日のぐれ会！ではこの規模の島が３つできていた

せてもらいます。趣味は読書と映画鑑賞です。よろしくお願いいたします」
30秒は意外と長い。みんなの趣味は一人旅、運動、音楽など。それぞれさくっと10秒前後で自己紹介を済ませたため、時間が余ってしまった。私の班は働き始めて数年経った20代が多く、男女比も半々だ。
最初はみんな緊張しているようだったので、「お菓子食べてもいいですか？」とお菓子に手を伸ばしてみたり、雑談を振ってみたが、あまり会話が弾まない。「今回は初参加の人も多いし、最初はいつもこんなものですよ」（陽介さん）。何度か参加している人、初めて参加した人、他の会で顔見知りになっている人同士など、バラバラなのだ。

そうこうしているうちに自己紹介タイムが終了。続いてぐれ会！は、本日のメイントークテーマ「発達障害と思われるキャラクターが登場する作品の紹介」へと進む。ぐれ会！では、毎回一つのテーマを決めて、それについてグループごとに話し合う形をとっている。ちなみに、前回のテーマは「自己肯定感」だったそうだ。

「事前にご連絡していたので準備してきてくれているとは思いますが、これまでみなさんが読んだ作品の中で『この人は発達障害っぽいな?』と思ったキャラクターを紹介してください。本や漫画、ドラマ、映画などなんでも大丈夫です。作品紹介の時間は3分間です。でも、3分話すのってけっこう難しいです。なので、2分経った段階で各グループのファシリテーターが『2分です』と知らせます。もし3分過ぎてしまったら強制的に終了となります」(陽介さん)

漫画や小説には発達障害っぽい登場人物が多い

私のグループでも早速、トークが始まった。

「漫画の主人公ってだいたい、(発達障害の)特性が強い人が多いですよね。『ガラスの仮面』の主人公の北島マヤちゃんは、すごく発達障害っぽいなと思います」

そう最初に手を挙げたのは現在大学3年生の女子。「今後控えている就活に悩み中なんです」と自己紹介の際に話していた由香里さん(仮名)だった。

「マヤちゃんは演劇がすごく好きで、演劇のためならなんでもやる子。演劇のチケットが風で飛ばされて海に流されちゃったとき、寒空の下、海に飛び込んでチケットを取りにいくほど、演劇に夢中。でも、演劇以外のことはまったくできなくて、お母さんに怒られちゃう、おっちょこちょい。演劇だけはできる、（発達障害の特性の一つである）過集中みたいなところがあるなと思いました」

毎回テーマを決めて話し合っていくなかでも、このようなフィクションの登場人物について話すのは、初めての試みだったという。そのせいか、最初は少し緊張が伝わってくる空間だったが、由香里さんに触発されたかのように、次々とみんな発言しだした。

「三秋縋の小説『三日間の幸福』の主人公がそうだと思います。作品のなかでみせる無気力さが、発達障害傾向のある自分に似ていると思うんです」

「私は今日、小説を1冊持ってきていまして、それを紹介します。今村夏子さんが書かれた『こちらあみ子』です。三島由紀夫賞と太宰治賞をダブル受賞した作品ですね。女の子が小学校から中学校に行くまでの数年間の話なんですけれど、本人はまったく悪気がないのに、母親とかクラスメートの男の子とかをすごく傷つけてしまうんです。どうしようもなく、すごくズキズキするようなただただ痛い小説で、壊れたトランシーバーで発信するみたいに、誰かに伝わりそうで、でも伝わらないみたいな。救われないんですけど、すごく読む価値のある本だと思います」

「漫画『のだめカンタービレ』の、のだめちゃんも、すごく（発達障害）っぽいですよね。ピアノを弾くのに過集中しちゃったり、起きられなくてずっとベッドの中で過ごしているとか。ずっとそんな感じで、起きているときも私生活ではメチャクチャだったり。私ものだめタイプなんですよ。でも、そういう漫画とかドラマとか創作物に描かれるようなキャラクターって、明るかったり何かの能力に長けていたりしているからストーリーになるわけで、そういう人が輝けるのには、必ず周りに理解者がいますよね。だからこそ輝けているわけで。反対に、明るくなかったり取り立てて能力もなかったりする同じ症状の人もいて、『私だったら作品にすら描かれないなー』って、ちょっと苦笑いしながら見てしまう部分があるんですよね」

「少し前に映画『プーと大人になった僕』を観たんですが、プーさんは注意欠如障害っぽいと思いました（笑）。プーさんは自分で『僕は頭が小さい』とか言ってて、のんびりしていて、朝起きるとすぐに蜂蜜を探すんです。でも変な場所を探すから棚を壊しちゃったりするんです。それでクリストファー・ロビンに『なんでそんなとこに登るんだ！』とか怒られて。でも、プーさんは『これは階段だと思った』とかって言うんですよ。その観点がズレてる感じがすごく注意欠陥障害っぽいというか。開き直って『何もしないことがいいんだ』と言っていて、本当に何もしないあたりとか、もう、すごく共感する部分があって」

ほかにも、大ヒットしたドラマ『逃げるは恥だが役に立つ』の登場人物も話題に上がり、大いに盛り上がった。

「（津崎平匡役の）星野源もだし（森山みくり役の）新垣結衣もそう。あの、こだわりが強いみたいな、どっちかというとすごく論理的な行動をする、感情より論理優先みたいな部分がすごく発達障害の特性っぽくて、すごく共感したし、あの結婚スタイルは理想だなって思いました。なんて素晴らしい選択をされるんだろうって」

ちなみに私は、今年（２０１８年）の１月に観た映画『ＤＥＳＴＩＮＹ　鎌倉ものがたり』の主人公の一色正和（堺雅人が演じたミステリー作家）の話をした。彼はギリギリにならないと原稿に取り組めないところがＡＤＨＤっぽいと思い、一色の特性を理解したうえで支えて、ときにはハッパをかける妻の亜紀子（高畑充希）のキャラクターも愛らしい、といった内容のことを話した。しかし、時間内にスピーチすることに慣れていないため、話したいことを話してもまだ２分近く残っていた。そこで、とりあえず物語のあらすじを説明することに……。私はときどきトークイベントなどで大勢の人前で話す機会はあるものの、数人とコミュニケーションを取りつつ自分の意見を述べるという経験はあまりないため、どこか非日常感があった。

ただ、こうやってみんなの前で自分の意見を発言することも、日常生活でどこか息苦しい思いをしているグレさんたちにとってストレスの発散だったり、プレゼンテーションの練習になったりしているように思えた。

仕事や私生活で抱える「困りごと」を話し合う

後半はメンバーを入れ替えてフリートークタイム。第一部で緊張がほぐれたのか、先ほどよりさらに和気あいあいとした空気になっている。場が温まったところで、なぜ自分は発達障害だと思うのか、特性で困っていることなどを聞いてみた。

20代の翔平さん（仮名）は新卒で就職してから、電話をしながらメモを取れないことに悩んだという。「メモを取らなければいけない」というプレッシャーから、緊張してよけい、話の内容が頭に入ってこなくなる。また、仕事で車の運転をした際にも、運転自体はできるが誰かを隣に乗せたままだと運転をしながら会話をすることができず、「運転が下手なヤツ」と言われてしまったそうだ。

このように、職場での悩みを抱えた人は多い。「仲がいい人とならいいけれど、気をきかせてお酌をして回って、会話にも参加しなければならない会社の飲み会が苦痛」と人付き合いでの困りごとを話す人もいれば、「デザイナーをしているのですが、単純にデザインの仕事だけならば向いていると思うし問題ないけれど、管理職になってマネジメントの仕事が発生してしまったら一気に仕事ができなくなった」という声もあった。発達障害によくありがちな、マルチタスクで混乱している状況に、対人緊張が入り混じって失敗してしまうパターンだ。なかには「コミュニケーション能力を上げるため、キャバクラへ会話の練習に行った」という男性までいた。

次々とあがる失敗エピソードに、みんな「あるある」と頷いている。失敗経験が話題にあがればあがるほど、緊張感もほぐれていくようだ。

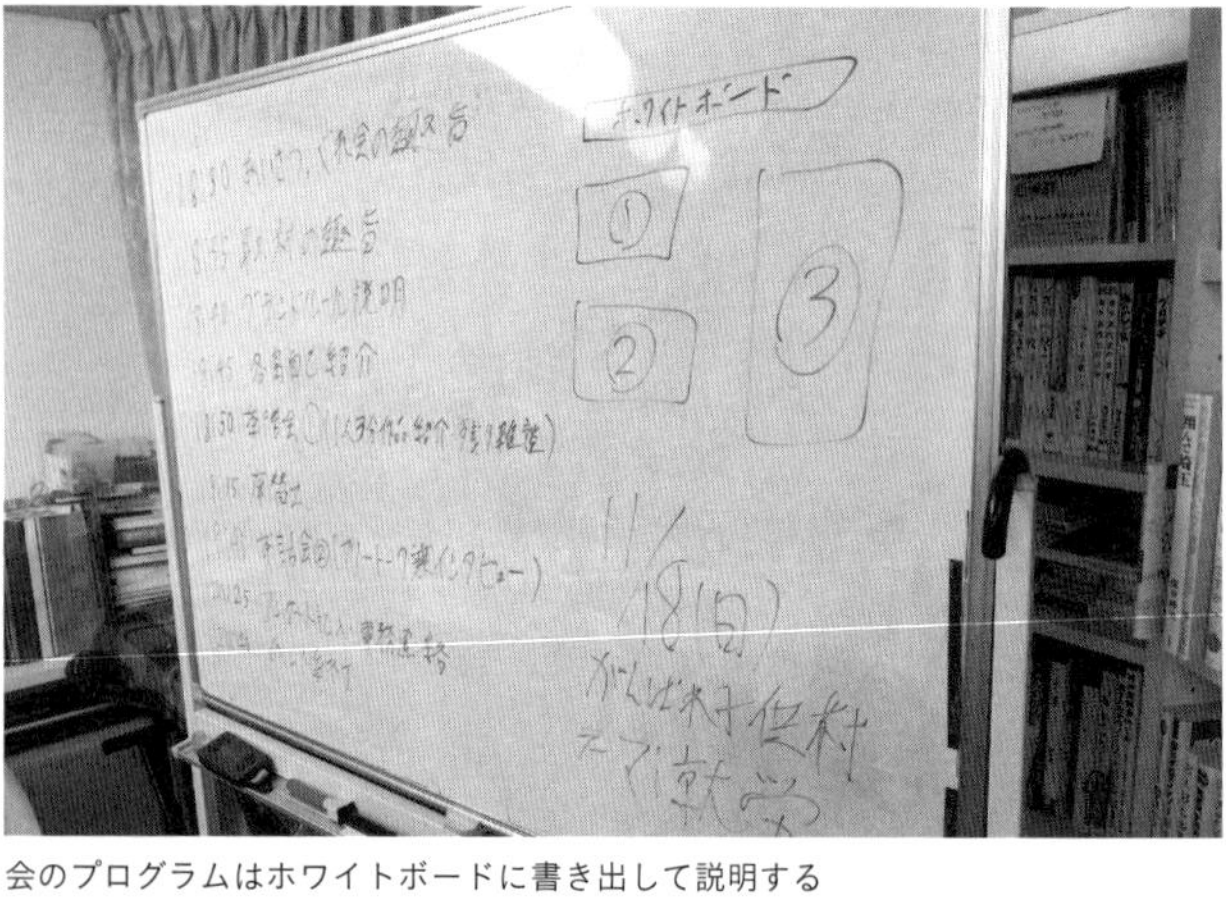

会のプログラムはホワイトボードに書き出して説明する

3軒目の病院で、やっと発達障害だと認めてもらえた

先ほど『ガラスの仮面』について話していた女子大生の由香里さんも、アルバイトでミスを連発して仕事が続かず、「これは発達障害なのではないか？」と病院で検査を受けたという。しかし医師から「傾向は見られる」と指摘されたものの、正式な診断はおりなかった。

この会に集まっているのは、みんな彼女のように〝発達障害っぽいけれど、そうと確定できない〟という人ばかりだ。だからこそ、障害ではないのになんで能力が低いジャンルがあるのか、なぜできないのかわからない、と悩んでいる。

そんななかで「いっそのこと、発達障害の診断がおりてしまえば『障害のせいで、できないんだ』と、ある意味開き直れて楽になる」と発言した男性がいた。病院を3軒も渡り歩いてようやく診断がおりたという、会社員の太一さん（仮名・40代）だ。仕事でケアレスミスが多い。耳からの情報の処理が苦手で、打ち合わせ中、話についていけなくなって

しまうためメモをするも、そのメモも追いつかなくなってしまう。そういった症状をネットで調べたところ発達障害という言葉にいきつき、病院を受診したという。

しかし、冒頭でも述べたとおり、発達障害の症状はグラデーション状なので、「ここから先が発達障害でここまでが健常者」という線引きがない。だから、発達障害という診断をくだすかどうかの基準が医師によって異なる場合がある。

「なかには『大学を出ているので発達障害ではない』と、大卒ってだけで突っぱねる医師もいるんですよ」（太一さん）

彼も診断がおりなかった2軒目の病院の医師から「発達障害のガイドラインに該当していない。あなたは発達障害と診断されることで何か利益を得ようと思っていませんか？」と言われたことに腹が立ったと語る。2軒の病院で違うと言われたので、3軒目を受診するか迷い、もう一度自分の特性について調べた末、ある発達障害に詳しいと有名になっている専門医を受診。その医師から「軽いけれどそうかもしれないね」という言葉をもらったことに安堵したそうだ。「結局、どんな医者に診てもらったかで、発達障害かどうかが決まっちゃうんですよ」という発言が印象的だった。

仕事では常に「ただの怠慢だ」という声におびえている

ぐれ会！に参加したきっかけも聞いてみた。発達障害を疑ってネットの診断で調べるも、すべてが当てはまるわけではないので「自分はグレーゾーンなんだ」と自己診断した人、家族から発達障害傾向を指摘されたが自分では自覚がないから参加したという人〟他の人の悩みを知りたいと思った人など、きっかけは人それぞれだった。

話はだんだん深くなっていき、「仕事やプライベートで〝できないこと〟が多いのは、ただの怠慢じゃないのか、と自分で自分を疑ってしまうんです」と悩みを打ち明けたのは、和希さん（仮名・20代の会社員）だった。ここから参加者同士の議論も、いっそうヒートアップしていく。

由香里さん「私も（医師の）診断がおりなかったので、怠慢だと思うとツラくなります」

陽介さん「自分の能力以上のものを求められて混乱している状態だと思うので、怠慢なのかというと、僕はちょっと疑問です。発達障害は診断がある／ないの問題ではないと思う。だって、例えばレベル50以下を健常者としたとき、レベル80の人が〝クロ〟の診断をもらえるのは当然だけど、だったらレベル49の人は健常者なの？って話で。健常者と同じことができるのかというと、違うと思うんです。だから〝シロかクロか〟で決めないほうがいいのではないかなと思います」
由香里さん「どちらかというと、困り具合の差ですよね」
姫野「実際に困っていることがあるから、みなさんここに集まっているんですよね？」
由香里さん「そうですね……」
姫野「仕事などで困っているとき、誰かにフ

グレーゾーンとしてのアイデンティティに関してはみんな秘めた思いを持っている

ォローを求めたりしますか？」
和希さん「できるときもあるけれど、キツいですね……」
陽介さん「自分が必死になって取り組んでやっと意見を言える権利を与えられる、という感じがあります」
由香里さん「一生懸命（仕事を）やったうえでないと、自分の自尊心が低すぎて助けを求められないです。おどおどしちゃって」
陽介さん「自分で勝手に負担をかけているんですよね」
由香里さん「そもそも自分に自信がないから、嫌なときもノーと言えない。恋愛も同じで、嫌なときも自分のワガママだと思ってしまいます。はたから見ると謙虚すぎるのかもしれませんが、自己主張ができません」
陽介さん「この界隈で、自己肯定感が高い人って見たことないですよ」
由香里さん「そうですよ、ずっと失敗ばかりしてきたから……」
陽介さん「だって『自分はできないことも多いけれど、英語とプログラミングが得意だからそっちで頑張れるぜ！』という人は、こういう会に来る必要ないですからね」
和希さん「そういう得意なことを活かせる人生を歩みたかったという気持ちがあります」

陽介さん「才能があってそれを活かせる人って一部だと思うんです。それを基準にしたらいけないいんですよね」
由香里さん「最近は発達障害の話題のなかで、『エジソンやスティーブ・ジョブズもそうだった』みたいに、天才的な人の例ばかり取りあげられますよね。そういう人もいるけれど、あくまでほんの一部だし」
陽介さん「発達障害児のお母さんって、子供の才能探しに必死になり始めると聞いたことがあります」
姫野「『発達障害＝すごい人』という報道のされ方も気になることがあります」
和希さん「すごい特性より欠陥の特性のほうが目立ちやすいですよね」
由香里さん「クリエイティブな仕事が向いているよと言われるけど、結局その仕事に就ける人は一握りだから、なんとか自分が苦手な場所に押し込まれないといけない」
陽介さん「運動音痴が無理やりサッカー部に入る感じですよね。そして周りから、『いい加減パスくらい覚えろよ』と言われてしまう。仕事の面ではより一層、劣等感が強くなりがちですよね」
和希さん「就活時にもう少し別の職種を選んでおけばよかったなと今、思っています」

陽介さん「まったく同じことを僕も思っています。でも、別の仕事ができるかというと……。結局、運動音痴が野球部に行こうかサッカー部に行こうかバスケ部に行こうか、さまよっている感じなんですよね。どこにも活躍できる場がないかもしれない。でも、バッティングだけならいい線いけるんじゃないかと、変な期待も持っちゃってて。世の中にある評価軸って、『仕事ができる』という部分がめちゃめちゃ強いと思います。そこが弱いと、みじめになりがちで、発達障害傾向がある人はそうなるパターンが多い気がします。ほかに何か秀でている部分があっても、評価されにくい世の中なのだと思います」

和希さん「仕事ができると、もうそれだけで価値があるという感じ。逆にそれがないとまったく価値がない」

陽介さん「男だったら、勉強とスポーツと仕事ができればいいんです。この３つがあれば生きていける」

和希さん「僕は特別勉強ができたわけではありませんが、大学生まではある程度勉強を頑張っていれば結果が出ていたんです。大学では好きな勉強をしていたし、就きたい仕事の目標もあった。でも、実際に社会に出てみたら思っていたのと違ったんですよね。だから今はどうすればいいのかわからなくなってる」

そんな話になったところで、ちょうど8回目のぐれ会！の終了時刻がきた。発達障害傾向のある人がクローズで働くにはどうすればスムーズにいくのか。たった2時間の話し合いで結論など出るはずもないが、参加者にとって「悩んでいるのは自分だけではない」という安心感を覚えられる場であることは間違いないようだ。終了した後も、多くの人がいつまでも会場に残って雑談を楽しんでいる。

ちなみに、今回は取材という名目で会に参加しているので、終了後に「顔は出さないので集合写真を撮らせてくれませんか？『写ってもいい』という方は残ってください」と声をかけると、ほとんどの人が撮影を嫌がってカメラに写らない位置に逃げるように移動した。シルエットのみの撮影でも警戒するほど、隠したい人が多いのだ（本書に掲載している写真は個別に許可をいただいたもの）。

「診断名がほしい」「グレーゾーンであることを隠したい」「アイデンティティが確立できない」という、さまざまなグレさんたちの本音と葛藤を、どう受け止めたらいいのか。私のなかではまだ答えは出せそうにない。

第3章 「グレーゾーン限定の会」は、なぜ生まれたのか？

〈プロフィール〉

OMgray事務局代表 オム氏

昨年、軽度の発達障害特性に悩む人の当事者会「グレーゾーンのための問題解決シェア会」を立ち上げ、その支援団体として「OMgray事務局」を運営するようになる。自身もグレーゾーンの一人で、普段は都内の企業に勤務している。立ち上げたイベントにはこれまで400人以上が参加。現在は支援機関などに呼ばれて発達障害に関する講演活動も行う。

「OMgray事務局」

https://smart.reservestock.jp/menu/profile/23160

本当の意味で共感できる当事者会が、これまでなかった

多くのグレさんの心のよりどころになったぐれ会！は、どのような経緯で生まれて、どのような人によって運営されているのだろう。そして、なぜここまでグレーゾーンの人たちから支持されるようになったのか。率直な疑問を、ＯＭｇｒａｙ事務局主催者のオムさんに聞いた。

――ぐれ会！を起ち上げた経緯を教えてください。

最初は２０１７年８月に「グレーゾーンのための問題解決シェア会」という、ぐれ会！とは別の会を始めました。これは、発達障害傾向があって何か問題を抱えている人達が、生活や仕事の知恵をお互いにシェアしあうイベントです。

僕自身、大学生の頃から「自分は何か変だな」と思うことがあり、ＡＤＨＤを疑っていろんな当事者会に顔を出していました。でも、当事者会って本当に特性の濃度がさまざま

で、同じ障害でも会話中に寝転んでしまう人とか、光に過敏で常にサングラスをかけている人、自己主張が強くてトラブルを起こしがちな人……など、自分とは少し違うところもあるなと感じました。また、同じ発達障害でもＡＤＨＤとＡＳＤは正反対の特性を持っています。だから、共感できないことも多かったです。

それである日、足立区でやっていた「ＡＤＨＤ交流会」という当事者会に参加したら、みんなの発言内容がすべてしっくりきて、「こんなに楽しいのは初めてかもしれない！」と思うほど楽しかったんです。そこで、同じ障害でも症状や特性によってコミュニティを分けたほうが効果的だと確信しました。

僕は今まで、発達障害の診断がない状態で働いて、二次障害の病院代も自費で払ってきました。だから、病院にかかる必要のない人たちよりもお金がない生活を送ってきています。こういう発達障害の診断がないけど生きづらさを抱えている〝はざまの人〟がほかにもいるのではないかと、グレーゾーン限定のイベントを起ち上げてみたら、３日で予約人数が満員になってしまいました。「こういう会を求めていました！」という人が続々と集まってきたんです。

――ＳＮＳなどを使って告知をしたんですか？

Ｎｅｃｃｏカフェの店長さんにご協力いただき、Ｎｅｃｃｏカフェのホームページで告知してもらいました。僕、ＳＮＳは慎重派なんです。発達障害の人にとってツイッターなどのＳＮＳはとっつきやすいツールではありますが、批判もしやすい。僕は批判的なコメントを見るとダメージを受けてしまうので……。ただ、今度、メールマガジンを作る予定ではあります。メルマガなら一方的なので批判はしにくいと思って。

また、口コミで知って私が出るイベントに会いにきてくれた人もいました。そこで名刺交換をして、今ではスタッフになってくれた人もいます。

あと、ぐれ会！を起ち上げたのにはもう一つ理由があります。最初に僕がおこなっていた「グレーゾーンのための問題解決シェア会」は、「こんな困りごとに直面したらこうやって対処していけばいい」というノウハウを共有する勉強会だったんです。グレーゾーンの人の悩みをカスタマイズして、みんなの知恵を寄せ集めて、オーダーメイドの問題解決法を考えましょうと。それが意外と好評でした。だから、それとは別に、ただグレーゾーンの人でおしゃべりをするだけのコンセプトのぐれ会！を作ったわけです。なので、今は大きく分けるとグレーゾーンの会は、ぐれ会！とグレーゾーンのための問題解決シェア会の２つがあります。現在はほかにも複数のイベントがあり、全部を運営するのがＯＭｇｒａｙ事務局という構図です。

「ギリギリでなんとかやっている人たち」を助けたい

――ぐれ会！への参加条件は、診断がおりていないことですか？

基本的には、診断がおりている人はお断りしています。でも、ＯＭｇｒａｙ事務局のスタッフのなかには診断がおりている人もいます。けれど、彼らはクローズ就労で会社に明かさず行政にも頼らず頑張って働いて、生きています。だから「診断名のある／なし」って何が違うのだろうと最近考え始め、参加条件を改めないといけないなと思っているところです。

また、ぐれ会！はどちらかというと不注意優勢型（ＡＤＨＤの特性の一つ）の方が多いです。衝動性が強い方はそれだけ特性もわかりやすいので、医療的に〝クロ〟の診断がおりやすいのかもしれません。

——ぐれ会！に参加した後、受診したら診断が出るというケースもありますよね？　そういう人は次回から参加できなくなってしまうのでしょうか？

そういうケースもあります。でも、誰でも参加できるとなるとコミュニティの意味をなさなくなるので、診断がおりている人は、いったん要相談という形にさせていただいています。「診断名のある／なし」にかかわらず、なんらかの発達障害の特性を自覚して生きづらさを感じている人は、私たちが支援したい人たちです。本当にギリギリでなんとかやっている人たちを、行政でも企業でもいいので、何か補佐できる仕組みがない限り、いくら今の状態で診断がおりたからといって何か変わるわけではありませんから。

——診断名がなくても、役所の窓口で相談するという方法もありますよね。

そうですね、でも行政などの福祉の窓口って基本、平日の午前9時から午後5時までしかやっていないんです。仕事のできないグレーゾーンの人たちは残業に追われることも多いので、時間的に相談しに行けません。細かい話ですが、土日祝日にやっている相談所ができればどれだけ多くの人のストレスが減るんだろうと思います。実際私も、行政の制度を知って相談に行こうと問い合わせたら、平日しかやっていなくて「え？　有給取れるでしょ？」と当たり前のように言われました。ただでさえ仕事がうまくいっていない立場の人間が、簡単に有給など取れません。行政の言うこともたしかに間違ってはいないのですが、休んで会社での立場が悪くなったら費用対効果に合わないですよ。

――そのような行政の支援制度は、土日も診察しているメンタルクリニックとは違うものですか？

違いますね。メンタルクリニックに通う目的は診断と薬をもらうことだけです。医者はカウンセラーではありません。医者をカウンセラーだと思って行くと失望することがあります。10分で診察を終える医者もいますし。カウンセラーは悩みを聞いてくれる役割の人です。うつ病や双極性障害の人にとっては非常に効果的だと思います。気持ちの整理をして、こういうことに自分は悩んでいたのだと気づきを得られるので。
一方で、発達障害はどうかというと、いくら話したとしても忘れ物をしてしまう、人の顔や名前を覚えられないということが解決するわけではありません。発達障害特性のある人には、特性の対策を提案してくれるコンサルタントが必要なのではないかと思います。

――オムさん自身、大学生の頃から当事者会に通い始めたとのことですが、どんな症状で発達障害を疑ったのですか？

今はこういった会を主宰しているので信じられないと言われるのですが、もともと人とあまり話せず、友達も全然いませんでした。やらないといけないことを先延ばししてしまって、試験なんかは一夜漬けです。「なぜ、他の人は楽しそうに飲み会で『ウェーイ！』ってやっているのに、僕にはそうできないのだろうか」と、そういう些細なことで悩んでいました。
初めて受診をしたのが22歳の頃です。大学病院で検査を受け、そこでは「ADHDの傾向があるね」くらいに言われました。傾向だけなので、どうすればいいの？　と、正直なところ思いましたね。

〝普通の人〟よりも頑張らないと社会で生き抜けない

——当時者会に通う前は、ご自身で何か改善の努力をされていましたか？

元からコミュニケーションが苦手だったので、自分で話し方教室に通って、プレゼンテーションの練習をしていました。多いときは毎週６時間くらいプレゼンテーションの練習をしていたんですよ。

——すごい！　とても意識が高いですね。

でも、就活がリーマン・ショックの年だったので、それくらいしないと無理だと思ったんです。普通の人ですら、と言ったら変ですが、ノーマルな能力の人でも内定が出にくい時期なのに、人よりもしゃべれない自分を雇ってくれる会社なんてない、自分を鍛えないといけないと、本当にサバイバル状態でした。内定が出た後も、診断がおりなくて薬も飲めないのでＡＤＨＤにいいというフィッシュオイルなどのサプリを飲んだり、大豆製品がいいと聞いたときは積極的に摂取したりして、実験していました。全然、効きませんでしたけどね。

――どうして当事者会に通うようになったのですか？

内定が取れたとはいえ、できないことが多い自分が社会に出ることに不安を感じていたからです。定型発達の人たちに相談をしても「大丈夫だよ」「慣れるよ」という的外れなアドバイスをもらうだけで、なんの慰めにもなりませんでした。

そこで当事者会の先輩に「不安です。最初、どうやって会社員生活を送っていましたか？」と聞きました。すると、「どんな業種でも必要なのは会計だから簿記をやりなさい」と言われて。でも、興味がないので取り組みにくいと言ったら「私が教えてあげるから、毎週私の家に来なさい」と、教えてくれたんです。そのおかげで、今のＯＭｇｒａｙの活動の会計もサクサクできますし、会社の仕事でも役立ちました。

また、電車で1時間かけて通勤していたのですが、「通勤時間が1時間もあるなら本や新聞を読みなさい」と言われ、それも実行しました。満員電車で読書ができないときもあったんですが「ならば、本を朗読してくれるオーディオブックを買いなさい」と言われ、それを聴いたり、あと、当時はｉＰｈｏｎｅのポッドキャストでビジネス用語の解説やニュースや英会話などを無料で聴けたので、それも聴きましたね。

——そこでよく、モチベーションが下がらなかったですね。

それよりもクビを切られるかもしれないという恐怖のほうが強かったです。いい先輩方のおかげで、なんとかギリギリ社会人生活を送れるようになったと思います。だけど、やはりストレスは溜まってしまって、毎日ラーメンなどをドカ食いして今よりも15kgくらい太って、『ドラゴンボール』の魔人ブウみたいな体型になっていました（笑）。

——当事者会に「本当に役立つ情報」をとりにいったわけですね。

そうですね。当事者会のなかでも「この人だ！」と思った人から、血の滲むようなテクニックを学んで血肉を得てきました。本には載っていない、その人だけの奥義です。

――ここ数年の発達障害に関する流れをどう受け止めていますか？

私が自分の発達障害傾向を疑い始めたのが8年ほど前。まず、当時はとにかく情報がありませんでした。書籍もネットの情報も少ない。英語の本はありましたが、読めなかったので（笑）。薬もちょうど、ＡＤＨＤやナルコレプシーの人が飲んでいたリタリンの処方が厳格化された時期で（健常者が飲むと覚醒剤のような作用が表れるため乱用者が出た）。リタリンが希望の薬だったのにそれが手に入らなくなってしまい、絶望からのスタートでした。

それで、ＡＤＨＤを診てくれる病院を探して回ったけれど、リタリンが厳格化されたことにより、病院に患者が殺到して何か月待ちという状態だったんです。発達障害って、それまでは子供の病気で成長と共に治ると言われていました。だから、成人しているのに「発達障害かもしれない」と病院に行くと、「何を言っているんだい？」という反応をする医師もいたほどです。大人の発達障害の受け入れをしてくれる病院自体が少なかった。だから、当事者会に行って「あそこの病院は発達障害を診てくれるらしい」という情報を仕入れる。書籍もネットの情報もないなかで、わずかな希望を持って当事者会に足を運ぶ方が多かったと思います。

――その潮目が変わったと思うのは、やはり最近ですか？

ここ数年でしょうね。２０１５年頃から発達障害に関する情報が増えてきたなと感じています。この３～４年で企業でも人事部の人は発達障害について知っていることが増えましたし、発達障害に関するサイトもオープンし、関連書籍もたくさん売られています。当事者のイベントも増えました。Ｎｅｃｃｏカフェに行くと「今日は発達障害女子の日」とか「鉄道好きの発達障害の日」みたいに日替わりでイベントをやっているほどの盛況ぶりです。

わざわざ地方から来てくださる方もいます。先日、東京都内で「リカバリー全国フォーラム」という１０００人以上が集まる精神保健福祉のイベントがありました。そこで、

「私の住む地域では行政が何もしてくれない。東京に行きたいけれどなかなか行けないので、勉強会だけでもと思って参加しました」と、登壇者の一人が言っていました。まだまだ地域格差はありますが、東京では発達障害に関するイベントや情報はかなり増えてきたと実感しています。

——ここまで発達障害の認知度が上がったきっかけは何だと思いますか？

やはり、情報が蓄積されてきたのだと思います。片づけられないのはADHDのせいかもしれないということが書かれている書籍『片づけられない女たち』（サリ・ソルデン著／WAVE出版）を端緒に、徐々に発達障害関連の本が増えてきて、医者も本を出し始めました。また、当事者会も2010年頃からずっと続いてきた会が多いので、コミュニティが受け継がれてきたのではないかと。

誰に、いつ、どうやってカミングアウトするか

――ぐれ会！に参加して知ったのは、グレーゾーンの方は周りに発達障害傾向を隠している方が多いことです。友人や家族にも隠している人は多いのでしょうか？

そうですね。本当に仲のいい友人や家族にだけ話しているという人はいますが。

――やはり、発達障害という診断がおりていないので、みなさん「できないこと」とどう折り合いをつけているのか気になります。「結局、言い訳なのではないか」という意見との戦いになってしまうというか。

まず、「発達障害の傾向なんてないだろう」と言われるのは家族や親からが多いです。特に女性はそう。加えて、女性は母親とうまくいっていないというケースもとても多い。そこを頑張って折り合いをつけようとしている感じです。家族の場合、第三者の力を借りるとうまくいくことがあります。例えば、発達障害に関する番組や本を、親がたまたま見たり読んだりしたことで「あなた、これじゃない？」と理解を得られた人もいました。

また、会社には入社時「業務に支障をきたす障害や病気を持っていない」という書類にサインをしていることも多い。だから当然、会社には話せませんよね。でも、信頼している上司にだけ打ち明けて、わかってもらえたという人もいます。

そして、最近気づいたのは、独りよがりのカミングアウトは意味がないなと。打ち明けて「じゃあ、会社にどうしてもらいたいの？」ということです。上司や会社側からすると、なんのためのカミングアウトなのかという。だから「この仕事ならばできます」「この仕事ならば得意なのでこれだけはやらせてください」と、頑張りを見せる必要があります。

――たしかに、カミングアウトされたところで、「何に困っているか」や「どう助けて欲しいか」など具体的に示してもらわないと、言われたほうも混乱してしまいますよね。

ええ。これは当時者会でした話なのですが、例えば自分が、社員が売り上げを出さないとすぐに潰れてしまうような会社の社長だったとしましょう。そんなある日、社員からいきなり「社長、私は発達障害があってツラいんです。わかってください！」とだけ言われたら、どう思うでしょうか。

その社員には給料を支払っているのに成績が悪く、お客さまからもクレームがくる。それなのに、「原因は発達障害だから」と理解を求められるわけです。「あなたがその社長ならどう思いますか？」と参加者に尋ねると「それはツラいです」と、みなさんおっしゃいます。わかってほしいという一方的な要求ではなく「こういうことを具体的に助けてほしい。そうしたら、私はこういう部分で貢献できます」という、具体的な手助けの方法や自分にできることを示す必要があるわけです。

「相手の立場に立ったらわかりますよね」とお伝えすると「確かに」と、みなさん納得されました。ＡＳＤなど、相手の気持ちを想像しにくい特性のある方は「わかってほしい」で終わってしまいがちですが、その一歩先を想定したほうがいいのです。

ビジネスもそうですし、家族や友人でも同じこと。人間関係はギブ＆テイクですから「発達障害だから、本当の自分をわかってほしい」という主張だけでは、家族は「そんなはずはない」と否定してしまいますよね。

＊＊＊

ぐれ会！に参加するからには、ただ寄り添うだけではなく、生きるためのヒントを得る機会にしてほしい。オムさんの発言からはそんな思いがくみ取れた。

ケース①　伊藤直也さん（仮名・26歳・塾講師アルバイト）

「同僚となじめず、新卒入社1か月で辞めることになった」

都内の大学を卒業後、新卒で入った会社で人間関係に悩み1か月しか続かなかったという直也さん。現在は週6勤務で塾講師のアルバイトをしているが、来春からは正社員として次の就職先が決まっている。しかし、同時に「新しい職場で発達障害のことをどう話すべきか」という悩みも抱えることに。

周りから「あいつはおかしいのではないか」と言われ続けた

直也さんが自分と周囲との違いに気づきだしたのは学生時代のことだ。大学時代までは球技系の部活に入っていたが、先輩が何か質問をしている際、自分に問いかけられていると気づかず「いや、お前に聞いているんだよ」と指摘されることが何度かあったという。次第に周りの人から「あいつはおかしいのではないか」と言われるようになった。

しかし、基本はみんなで一緒に練習することが多かったのと、何か問題が起こっても誠意を見せていればなんとかなるだろうと思い、そこまで深刻な人間関係のトラブルは起こらなかったそうだ。

「高校生のときも、コミュニケーションに関して『直也、おかしいよね』と言われることがありました。大学までそのまま上がれるエスカレーター式の学校だったのですが、受験の時期に友達の一人が『一般受験をしたらどうなるんだろう』という話を始めたんです。そこで、『直也は無理だろうね』と言われたので、カチンときて衝動的に一生懸命勉強して外部受験をしました。結果、現役では希望の大学に合格できなかったので、一浪して希望の大学に入りました」

大学入学後は塾講師のアルバイトを始めた。最初の頃は必要な書類を生徒に渡し忘れたり、忘れ物をしたりと、怒られてばかりだった。「でも集団で何かを作り上げるというより、個人での業務が多かったためカバーできていた」と、直也さんは語る。大きくつまずいたのは、新卒で社会人になってからだった。

「中堅商社に就職しました。研修期間に行われた営業電話の練習は苦ではなかったのですが、同期と一緒に行うグループワークがまるでダメでした。全然話が噛み合わない。話すスピードが速すぎてついていけないんです。ほかの人が『これについてどう思いますか?』と問いかけているうちにどんどん話題が進んでいって、ああ、これはこうか、と自分が理解したときにはもう、だいたいのことが決まってしまっている。自分の意見を言う前に物事が完結している感じでした」

入社前年の10月、内定式の後に一度だけ同期で集まって顔合わせがあった。そのときは1日だけだったのと互いに緊張していたこともあり、あまり直也さんのコミュニケーション能力の低さは目立たなかった。しかし、入社後はやはり、会話についていけてないことが露呈してしまう。口に出されたことはないが、同期内で「こいつは仕事ができないヤツだな」とレッテルを貼られてしまったのをひしひしと感じていたという。

「そのうち、勇気を出して自分の意見を言っても基本的に僕の意見は通らなくなりました。流されていく感じ。一番ツラかったのは、会話についていけないことをいじられてしまうこと。どんな内容の会話だったのかは忘れたのですが、『こいつはいじられるだけだから』と、同期に暴言を吐かれたりして。こっちはなんとか頑張ってついていこうとしているなかでそんなことを言われてしまい、何かが一気に崩れるような感覚を覚えたんです」

直也さんはそういった悩みを誰にも相談できなかった。そもそも、コミュニケーションが苦手なので、相談の仕方もわからず、先輩もいつも忙しそうにしていたので質問があっても聞けなかったという。

会話だけでなく、仕事上のメモを取るのも苦手だ。単語だけを聞き取ってノートに並べる結果となり、休日を使ってわかるところを再度まとめ直したそうだ。とはいえ、すべての業務が苦手なわけではない。

「営業電話は大丈夫でした。ある程度、先方には何を聞かれるか事前にわかっているので、そのとおりに対応し、理解できていたんです。また、営業は大勢を相手にするのではなく、一対一の会話なので問題なかったです。でもやはり、会議や大人数で話し合うことになった際は会話についていけなくなって」

直也さんは入社して1か月で限界を感じ、うつ状態に陥って心療内科を受診。5月に退職を申し出る。本来なら辞める1か月以上前に上司に伝えなければならないが、心療内科での診断書を見せると1週間後の退職が認められた。

「うつ状態を上司に伝えたときは『仕事に慣れていないだけじゃないか』『社会人なのに体調面のコントロールもできないのか』という反応をされました。たしかにまだ1か月しか経っていませんが、会社や同僚の雰囲気が変わらない限りうつは治らないと思い、休職ではなく退職という形を選びました。辞める直前は精神的に参ってしまい、無意識のうちに『青木ヶ原樹海ってどこだろう』とネットで調べて、はっと我に返るということもあったんです。だから、一刻も早く会社を辞めなければと」

ネットで発達障害という言葉に出合う

退職後は学生時代にアルバイトをしていた塾に再びバイトとして雇ってもらい、食いつないでいる。そんななか、ネットで発達障害という言葉を知り、チェックリストの項目を見てみると「落ち着きがない」、「忘れ物が多い」など、ほとんど自分に当てはまることに気づいて驚いたという。

「うつ病の診断がおりて1年後くらいに、小さな心療内科を受診して発達障害の検査をしました。WAIS-Ⅲをはじめ、いくつか心理検査を受けた結果、言語性IQと動作性IQにかなりの差が見られました。特に、パズルを組み立てるテストがまったくできなくて。でも、医師からは〝クロかシロ〟の判定ではなく、『発達障害の傾向があるね』という言葉で濁されてしまいました。その医師があまりていねいでなかっただけかもしれませんが、ASDが強めなのか、ADHDが強めなのかさえも教えてくれず、単純に

では、セカンドオピニオンという考えは浮かばなかったのだろうか？

「こういう言い方はあまりよくないのかもしれませんが、もし別の病院で発達障害だという診断を受けた場合、『そのせいでできないんだ』という、免罪符にしてしまうような気がして。自分でいろいろ調べた結果、発達障害自体は治ることはないとわかった。だから、今後どうやって仕事を続けていくかが課題だと思っています。仮に診断がおりたとしても現状は変わらないですよね。『障害者手帳を取れます』と言われても、僕は取らないと思います。バイト先の人に発達障害傾向は話していませんが、一緒に暮らしている家族には打ち明けました。思い起こすと、母にも同じような傾向があったようで、理解してもらえました」

職場で発達障害のことをどう伝えるか？

今、直也さんはボイスレコーダーを持ち歩き、バイト先の会議中は録音している。また、重要なことは常に携帯のメモ機能に入れてトップ画面にしている。ただ、会議はボイスレコーダーでカバーできるとして、今悩んでいるのは何気ない会話においてだ。とっさの会話ではやはりボロが出てしまう。

「もし、職場の人に発達障害傾向を伝えないといけない場合、伝え方がとても難しいと思います。でも、今後はこういう傾向があること自体は伝えていきたいんです。例えば『コミュニケーションを取るときに少し違和感があるかもしれませんが、一生懸命やっているので大目に見てください』というふうに。他人には、僕の特性は努力不足だと思われるかもしれませんが、たしかに努力次第というところもあるんですよね」

また、自分の特性のいい面もあると直也さんは語る。

「これは、一般的には『空気が読めない』と言われるのかもしれませんが、僕はいい意味でがさつなんです。例えば年上の人にでも自然に話しかけられる。おそらく『こういうことを年上の人に言うとよく思われないのではないか』と躊躇することもさらっと言えてしまうので、目上の人との会話にスッと入っていける。仕事面で効率が悪い部分はありますが、違う面の長所もあるんです。これに気づいたのは、受診して『傾向がある』と言われたからだと思います。あくまで、特性の一つであると思えるようになった、いいきっかけです。

以前は発達障害という枠に気を取られすぎて、障害のせいで自分は何をやってもダメだと思っていたのですが、傾向だと自覚することによって『これは特性の一つなんだ』と捉えられるようになったとは思います」

ほかにも、発達障害の本を読んで知識を深めたという直也さん。特に、不登校になって15歳でコーヒーショップを構えた体験を綴った岩野響さんの著書『15歳のコーヒー屋さん 発達障害のぼくができることから ぼくにしかできないことへ』（KADOKAWA）には感銘を受けたそうだ。「発達障害を抱えてドロップアウトした人でも、特性を活かせば自分らしく生きられるのだと希望を持てた」という。

そんな直也さんは来年4月から、とある企業での就職が決まっている。新卒で入った会社をわずか1か月で辞めざるをえなかっただけに、不安はないのだろうか。

「次の仕事は事務系です。だから今は、パソコンの知識を身につけないといけないと思い、勉強中です。人よりコミュニケーション能力が劣っているので、別の能力がないと認めてもらえないので。不安の裏返しですよね。あともう一つ、今悩んでいるのは、発達障害のことを入社する前に伝えたほうがいいのか、入社後に伝えたらいいのかということです。何かボロが出る前に伝えたほうがいいとは思っているのですが、そうするにしても医師の診断がおりているわけではないので、客観的に説明できる材料がないんですよね。それをどうするか、入社までに考えないとなって。

それに、頑張りすぎてしまうとまた、うつになってしまう恐れがあります。以前も強迫観念のようなものがあり、休日でも仕事のための準備をしていたので。だから、これからはオン・オフをつけることを心がけたいです。とはいっても、おそらく仕事を始めたら休日に職場の人とＢＢＱをするとか飲みに行くとか出てくるんじゃないかと思っていて。そうなると、僕にとってそれはオフではなくオンのままなんです」

もともと体を動かすことが好きで、最近は休日にヨガや筋トレをしている直也さんにとって、一人でいる時間が最高のリフレッシュのようだ。とはいえ、学生時代の部活の同期とはリラックスして会える。

今後、新しい職場でどのようなコミュニケーションを取り、できない部分をどうリカバーしていくのか。悩みは尽きないが、再就職先での直也さんの姿に期待したい。

ケース② 佐々木明美さん（仮名・26歳・雑貨店アルバイト）

「自分が役に立てるのかって、いつも不安になるんです」

発達障害の特性を意識しながらも、これまで一度も精神科や心療内科を受診したことがない明美さん。彼女は子供の頃からいじめや不登校を体験。現在は雑貨店でアルバイトをしながらウェブデザイナーを目指して勉強中だという。

学生時代から「空気が読めない」といじめを受けた

明美さんにとって、学生時代の思い出はツラいことばかりが先行する。子供の頃から周りの子たちとうまく会話することができず、「空気が読めない」などと言われていじめを受け、小学校高学年・中学校時代には不登校まで経験した。

「小学校のとき私の悪口を言っていた人が、中学に上がっても私の悪口を広め、それで学校全体の人から避けられていました。『態度が生意気だ』と言われたことも。それでも親友はいました。その子には『私と一緒にいることであなたまでいじめられるから、私から離れたほうがいい』と言ったのですが、『そんなことする必要ない！』って言ってくれたのがすごくうれしかったし、カッコよかったですね」

不登校になった際、週1度のカウンセリングも受けたが状況は変わらず、次第に通わなくなってしまった。また、中学では不登校や何か問題を抱える生徒を対象にしたクラスが設けられており、彼女はそのクラスへ通った。最初は楽しかったものの、そのクラス内で人間関係のトラブルが起こってしまう。

「あの子がまた私の悪口を言っているかもしれない」

そんな不安を抱える日が増えていったという。そして、高校は内申点を問わない単位制の学校に入学したそうだ。容姿にコンプレックスを抱いているという明美さんが高校時代にハマったのがインターネットだった。顔を出さなくてもいいネット上では容姿は関係ない。「ネットだけが自分の居場所だった」と語るほど、パソコンに依存していたのだ。

「でも、心のよりどころだったネットを、21時から23時までと、親から制限されてしまい、それも、親の手伝いや勉強もきちんとしたうえで機嫌を損ねなかったら使えるという感じです。あと、兄が宿題をやりたいと言ったときも使えません。兄は意地悪で私にパソコンを使わせまいとわざと『宿題をやりたい』と言ってきたりしました。私、昔から親とはそりが合わないんです。だから親も兄にパソコンの利用権を優先させていたと思う。お金を貯めて自分でパソコンを買ったら自由に使えると思ったのですが、『自分のお金で買ったとしても、あんたの部屋にはパソコンを置かせない』と言われて。でも、親の機嫌がよければパソコンを使わせてもらえる。反抗しても無駄なので、勉強や家の手伝いを頑張っても意味がないなとあきらめの感情を持つこともありました」

高校卒業後は一浪して、情報系の大学に進学。サークルにも入って、大学自体はとても楽しめたが、通学に2時間半もかかる学校だった。遠方の大学に通うとなると定期代もそれなりにかかる。「一人暮らしを考えなかったのか？」と聞くと、ほかの兄弟もいるので経済的な理由で自宅から通うことになったという。そして、就職活動の時期がやってきた。

「高校の頃、コンビニでアルバイトをしたのですが、覚えることが多すぎてまったく仕事ができず、2週間でクビになってしまいました。そのトラウマもあってか、就活の面接で自分をよく見せるための嘘がつけず、うまくいきませんでした。例えば、自分がやったことのないことを『できますよ』と言わなきゃいけない雰囲気がすごく嫌だったし、自分が働くこと自体、想像できませんでした。企業の説明会に行くことは楽しかったのですが、その後の面接へと続かない」

同僚との仕事スピードの差に焦りがつのる

業種も絞らず就活していると、1社から内定が出そうになった。しかし、人手が足りずとにかく誰でもいい雰囲気が伝わってきたため、その企業に就職はしなかった。ちょうどそのとき、母親に教えられたアルバイト先を受けてみると無事に採用となり、現在まで続けている。

しかし、職場では臨機応変な対応が苦手で電話での会話もうまく聞きとれない。どれだけ注意しても何度もケアレスミスをしてしまう。同僚がうまくいっている様子や状況を見たり聞いたりすると、「どうしよう、自分は何もできていない」という焦りが生じて、なおさらミスに拍車がかかるという。そもそもミスが多すぎて仕事をしているといえるのかという不安に襲われるという。

「今、親に大学の学費を月5万円返しながら働いています。それプラス祖母にも1万5000円渡しています。手元に残って自由になるお金はほんのわずかです。そこから歯の治療費や、婦人科系の疾患を持っているのでその治療費、そして携帯利用料金を払っています。最近は親からも『家にも1万5000円入れろ』と言われているので、併せて8万円です。家に入れる金額を下げたとしても、また支配下で人格否定されるのではと思うと、ともかく早く返したくて。親と仲が悪すぎて、『刺すレベルなんじゃないか』と人に言われることもあります……。もちろん愛情をかけられた部分がないわけじゃないですが、学費さえ返し終われればすぐにでも家を出たいです」

子供の頃から自覚しているASDらしき特性と、働き始めて感じだしたADHDの特性。さらに親との折り合いの悪さも彼女を苦しめる。そんな生活が続いているが、明美さんは今まで精神科を受診したことがなく「今後もクローズで働き続けたい」という理由からあえて受診を避けているという。

「これまでずっとグレーのままで働いてきたので、そのほうが自分にはあっている気がするんです。変に周りとの関係性が壊れるのもの嫌で。あと、金銭的な問題もあって、発達障害の検査には自費で2万円くらいかかることが多いと聞いているので、その費用負担から逃げている部分もあります。

実は今月で今のアルバイト先を辞めて、ウェブデザインの学校に通うつもりなんです。

できたらデザインやウェブ関係の仕事をしたくて。一応貯蓄はしてきたのでそこから学費を出すつもりです。そうすると一文無しになっちゃって家にお金を入れられないので、正直これからどうなるかわからないんですけれど。でもこの間、ハローワークに行ったら、交通費のみ自己負担で学費は負担してくれる制度の訓練校もあると教えてもらいました」

そう今後の夢を語っていた明美さんの目から突然、涙が溢れ始めた。私は一瞬、何か傷つけるようなことを言ってしまったのかと戸惑いながらティッシュを渡した。だが聞くと「どうしよう、自分は（この取材の）役に立っていないかもしれない、足手まといになっているかも」という思いがよぎって、思わず泣いてしまったのだという。発達障害そのものよりも、今まで置かれてきた環境によるトラウマが彼女を生きづらくしているように感じられた。

本当に信頼できる上司だったら発達障害のことを伝える

明美さんは今年から、ぐれ会！にも参加している。最初は一般参加者だったが今ではスタッフの仕事も手伝うようになり、独学で身につけたデザインの知識をもとにパンフレットも作成した。作ったものを見せてもらったが、なかなか本格的な出来だ。ただ、今後、クローズで就職したとしても、やはり仕事のミスや聞き取りの困難さが出てくる可能性がある。クローズで就職をして直属の上司にのみカミングアウトする人もいるが、彼女はどうしたいと思っているのか？

「職場の人に発達障害傾向を伝えるかどうかは、周りの状況によるかなと思います。本当に信頼できる上司だったら言うと思います。そういう上司がいなかったとしても『この人は大好き』という人を見つけ出して、ツラいことがあってもこの人がいるから大丈夫、と思えるようになればいいなと。一人でもいいから味方を増やしていきたいです。今の職場でもそうなんですけれど、こんなに大好きな人がいるから頑張ろうと思えます。診断は受けていないけれど、私は職場の人に『発達障害を理解してほしい』という気持ちより、『いつも優しくしてくださってありがとうございます』という気持ちが大きいです。

あと、世の中のことをちゃんと知りたいです。ただでさえ臨機応変な動きが苦手なので、ほかの人以上にしっかり人の行動を見ておかないといけない。働くうえで『勉強』という言葉はよくないのかもしれませんが、私にとっては今、雑貨店で働いていること自体が勉強です。たぶん、仕事さえうまくいけば人間関係もうまくいく。やらなきゃいけないことをコツコツやるのが好きだし、もしつまらないことにあたったとしても、そこからどうやったら面白くできるのかを考えるのも好きです。

すでに職場の人には、ウェブデザインの勉強をするために辞めると伝えています。そのことも『頑張ってね』と応援してくれているので本当にうれしいです。今は精神状態がカツカツですが、家を出て贅沢な暮らしをしなければ、自分で言うのも変ですが、誰よりも幸せになれる気がします」

また、明美さんは「自分プレゼンテーション」という、自己啓発の一環として自分についてプレゼンするイベントにメインスタッフとしてかかわっている。そちらでは自らプレゼンターとしてプレゼンを行い、自分らしい発表ができたと語る。

「私は容姿に自信がないので『ブスのすゝめ』というタイトルで、略して『ブススメ』について発表しました。私は自分のことをゴリラに似ていると思っているので、ゴリラのイラストにヴィトンのバッグを持たせ、自分に見立てて発表したんです。『ゴリラはヴィトンを持つよりバナナのほうが似合うでしょ?』って自虐ネタで。どうせブスだと笑われるなら自分から笑いをとりにいこうという思いを込めて発表したら、男性陣を中心に大ウケしました。ゴリラのモノマネも得意です。みんなが笑ってくれてうれしかったし、笑顔になってくれると、すごく安心します。馬鹿にされるのは慣れているので、どうせならみんなにいじられて笑ってもらいたい」

目の前にいる明美さんは、どう見てもゴリラには似ても似つかない。自己肯定感が低く、強いコンプレックス、そしてヒリヒリとした心の傷がのぞいていた。みんなを笑顔にすることで承認を得たいという気持ちはわかるが、そこに女性としての葛藤を感じずにはいられなかった。

第4章　グレーゾーンを生む「発達障害診断」の真実

〈プロフィール〉

西脇俊二 氏

精神科医。ハタイクリニック院長。国立国際医療センター（現・国立国際医療研究センター）勤務や国立秩父学園医務課医長などを経て現職に。第三者からの正式な診断はおりていないが、自らもASD特性を持つグレーゾーンの一人。15冊以上の著書があり、発達障害関連では『自分の「人間関係がうまくいかない」を治した精神科医の方法』（ワニブックス）、『明日も、アスペルガーで生きていく。』（ワニブックス／医療監修／国実マヤコ著）などがある

なぜ「診断がおりない人」が生まれるのか？

今、発達障害の専門外来には受診希望者が殺到している。以前、私が取材した社会人向けのクリニックでは「1か月分の受診枠が、月はじめの予約日に1時間もかからずに埋まる」という話を聞いたことがある。なかにはあまりの殺到ぶりに〝抽選式〟に切り替えた病院もあるそうだ。その一方で、グレさんたちは「医者から正式な診断がおりなかった」「きちんと悩みを聞いてもらえなかった」と、来院時の悩みを話す。

発達障害グレーゾーンとは医学的にはどのような存在になるのか？　私は、ある医師の話を聞くことにした。今年（2018年）放送された自閉症の医師を描いたドラマ『グッド・ドクター』（フジテレビ系）で医療監修を務め、自分自身もASDの特性を持つ、ハタイクリニックの院長・西脇俊二医師だ。

――まず、医学的な観点からグレーゾーンの定義を教えてください。

そもそも、グレーゾーンの定義とはあってないようなものなんです。発達障害を診察するにあたり、判断基準は2つあります。アメリカ精神医学会が出している精神障害の診断と統計マニュアルである『DSM－5』と、WHOが定めている総合医学全般の国際基準『ICD－10』です。医師たちはこの2つを照らし合わせて診断基準にします。

この2種類の内容はほぼ同じなのですが、それぞれ改定の時期が違うので、DSM－5だとアスペルガー症候群の記載が消え、ASD（自閉スペクトラム症）に統一されています。その一方で、ICD－10はまだ改定されていないので、アスペルガー症候群や広汎性発達障害という名称が残っているんです。医師たちはこのどちらかを基準にしなければいけないと決められているわけではないのですが、実際問題として、障害者手帳や障害年金を受け取るためにはICD－10のコードナンバーを記入しなければならない。なので結局ICD－10の基準を参考にすることが多くなります。

日本語版の『DSM-5』（左）と『ICD-10』（右）

ただ、それもあくまで目安でしかなく、実際には診察した医師の裁量によるところが大きいです。にもかかわらず、発達障害のことを深く理解して「この人には診断名が必要だろう」と判断できる医師が、今の日本では非常に少ない。仕事や人間関係で困っているから受診しにきているのに「あなたは発達障害ではありません」と診断されてしまう人が出てくるのは、そういった背景があります。

――その2つの診断基準に照らし合わせると、「厳密には当てはまらない」という人が出てくる、ということでしょうか？

そのとおりです。DSM-5を基準にした際、①社会性の障害、②コミュニケーションの障害、③興味の限局性（こだわり）が、発達障害の主な特徴です。このうち①と②には当てはまる人が多いのですが、3つ目の興味の限局性という点は、傾向がみられない方のほうが多いんです。というのも、③は並外れて限定された興味を持っていて、「ちょっとしたこだわり」ではないレベルの話なので。

例えば、僕が以前診た患者さんだと、中学生のときからずっと工業機械のカタログをやたらと集めている方がいました。そんなカタログは簡単には手に入りませんが、彼は並々ならぬこだわりを発揮して、なぜか持っているんです。また、液体洗剤を大量に集めている人の話も聞きました。液体洗剤を保管する専用の小屋を家の前に持っていて、そこの棚に何百本も洗剤が並んでいるんです。仕事から帰ったら「疲れたなぁ」と、その洗剤を眺める。彼にとっては盆栽のような感覚でしょう。そして、持っている洗剤の種類をパソコンですべて管理している。

重度のＡＳＤのこだわりというのは、このくらいのレベルの人たちなんです。だから世間的には「あなた、変わっているよね」と言われる人でも、ここまでには当てはまらないことが多い。ＤＳＭ－５基準だと、このような並外れたこだわりがない場合、コミュニケーション障害と診断され、昨今の基準では障害者手帳が取りにくいです。そうなると、手帳を必要とする就労支援センターの利用ができないケースも出てきて困る人が生まれてくる。それが今、問題となっているわけです。

――ほかにも発達障害を診察する際にWAIS－IIIというテストをしますよね。多くの人は、その結果から「あなたには発達障害の特性がみられる／みられない」と医師から告げられます。先ほどの話と、このテストはどのように影響してくるのでしょうか？

ＷＡＩＳ－Ⅲが診断に必要だと思っている人は多いですが、実はあまり関係ないんです。あれは単なる知能検査で、医師の判断材料の一つでしかありません。動作性ＩＱ（動作による作業で反応する知的能力）と言語性ＩＱ（言語を使用する知的能力）、総合的なＩＱが出て、そのＩＱの数値にバラつきがあると発達障害傾向があると言われます。でも、それで診断ができるわけではないんです。

たしかにジャンルごとの能力の差は激しいけれど、みんなそれぞれ違います。だから診断の「基準」にはならなくて、あくまで「判断材料」の一つだと。発達障害の検査で絶対に必要なものとは言いきれないんです。

――また、「空気を読めないと感じることがある」とか「マルチタスクが苦手」など、セルフチェックのリストを記入するクリニックもありますよね。

正直に言うと、セルフチェックはもっとナンセンスだと思います。とはいえ、出版社さんが希望されたので僕の本にもセルフチェックシートはついているのですが……。過去にウチを受診した患者さんのなかに重度のＡＳＤの方がいて、セルフチェックをやってみたら「まったく当てはまりません」と言うんです。自閉症傾向やＡＳＤの人は、もともと自分を客観的に見るのが苦手です。だからセルフチェックしても意味がないわけです。

「診断基準未満」でも、困っていれば発達障害でいい

――「判断材料」は多々あっても、明確な「診断基準」はないに等しい。発達障害だと判断することがいかに難しいか、それだけでもわかる気がします。

発達障害に限らず、精神科の病気ってどこまでが病気でどこからが健康という線引きがないんです。研修医のとき、同僚がペルーに１年間勉強に行ったのですが、向こうで入院しているうつ病の患者さんたちはめちゃくちゃ元気らしいんです。でも、診断結果はうつ病。日本人の基準だと普通以上に元気に見えるけれど、もともと現地の人はみんなテンションが高いので、基準が違うのです。文化や時代によって基準は変わる。だから、ペルー

の人から見ると一般的な日本人はみんなうつ病と捉えられてしまうかもしれません。
とはいえ、現実に起こっている問題として、日本のグレーゾーンの人たちは今の暮らしに困っているわけです。だから、基準の曖昧さは大きいですが、少なくとも社会生活や個人生活を維持できないくらい困っている状態ならば治療対象にしたほうがいいし、病気や障害と考えたほうがいいはずです。DSM-5やICD-10の診断基準を満たしていなくても、傾向があって困っている人は発達障害だと考えられますし、僕だったらASDだと診断します。

――ASDに関してはDSM-5とICD-10の診断基準のなかでズレが生じるということですが、ADHDでも同じことが起こりえるのでしょうか？

もちろんないわけではありませんが、僕の体感値だとASDよりは起こりづらいですね。ADHDの場合、注意障害や衝動性、多動が特徴として挙げられます。半数以上は注意障害か衝動性に分けられますが、ASDだと興味の限局やこだわりというところに当てはまらない人が多いので、グレーゾーンの人が多くなってしまいます。

――西脇先生のクリニックには、グレーゾーンの人の受診も多いですか？

多いです。だって、重度の発達障害であろうがグレーゾーンだろうが、困っているから相談しにくるわけですから。障害者手帳が必要なグレーゾーンの人だってかなりの数がいるんです。たとえ発達障害ではなく、コミュニケーション障害として認知されて障害者手帳や障害年金が取得できればそれでいいと思いますが、今はコミュニケーション障害という診断ではなかなか取れないので。

――グレーゾーンの人の〝生きづらさ〟とは、どこにあると思いますか？

障害だと認知されづらいことですね。障害ではなく「ただやる気がないだけじゃないか」と周りからは思われるし、じゃあ頑張ってみようと思っても実際にはできない。そして、本人も障害を認知しづらいことが一番の問題です。

――困っているけれど「甘えや言い訳なのではないか」と突き放されるパターンは、たしかに多いようです。

周りが障害だと認知しないし、病院に行っても医者から発達障害ではないと診断されますからね。本人も堂々と言えないでしょう。

たしかに、実際には甘えている人もいると思います。けれど、甘えだったとしても、本人にとってそこで一つ腑に落ちることがあれば改善に繋がります。どうしようもないから甘えるしかない。やる気も起きないし自己評価も下がっている。でも、「こうやったらうまくいく」とわかれば、次に進めます。

脳科学の観点からいうと、達成感を得ることでセロトニンやドーパミンが脳で分泌されて気持ちよくなるのでまた頑張るというサイクルが大切なんです。頑張ったけれどうまくいかないとセロトニンやドーパミンも出ない、でも頑張らなきゃいけない。そうやって発達障害だけじゃなく、二次障害としてうつ病になる人もいます。発達障害の当事者は特にそのサイクルにハマりやすい。

障害を認識して、ここは無理しなくてもいい、友達はいっぱい作らなくてていい、雑談に加わらなくてもいいし、みんなでランチをしなくてもいい。それ以外のことで勝負して達成感を得られればいいと思います。

発達障害グレーゾーンは医師にも多い

――「コミュニケーションは苦手だけど、学生時代から勉強はできた」という高学歴の当事者の話も聞きます。

ペーパーテストが得意だったという方も多いですね。いい大学を出たけれど、会社に入ったら「おかしいね」と言われてしまうような。実際、医者にもたくさんいます。試験の点数だけで医者になれてしまうので、接客業としての教育はまったくされていない。だから、いきなり「あなた、癌で余命３か月です」とか、デリカシーのないことを言ってしまうわけです。事実なんでしょうけれど、やはり言い方ってあるじゃないですか。

――発達障害はもともと脳の機能障害だという説が有力です。そのせいか、精神的にも体力的にも疲れやすいという悩みを当事者会で聞きました。

体には深部感覚というものがあります。例えば、腕を90度に曲げて物を持つという行動をとるとき、みなさん普通にできますよね。なぜかというと、筋肉に筋紡錘という、伸びたり縮んだりするのを検知するセンサーがあるからです。この働きがASDの人は弱いんです。物を手で持って止まっているように見えても、実は筋肉は細かく震えています。筋紡錘のセンサーが働いて一定の高さで止まっているように見えているんです。

ASDや自閉症の人はこの働きが弱く、物を持っている腕がどんどん下がってきてしまう。そうするとなんだか重く感じたり、歩くときもスムーズにいかなかったりする。運動をする際に動きがぎこちなかったり、日常生活のなかで不器用な部分が多かったりするのは、そういった理由からです。

また、精神的な疲れに関しては、社会的な障害もありますし、ストレスで五感の過敏さが増すので疲れてしまうのでしょう。疲れるとさらに過敏になるという悪循環です。だから満員電車で通勤する発達障害の人はすごく大変だと思います。疲れ方は定型発達の人よりもひどくなるでしょうから。

――ほかにも取材中、「耳で聞いた情報の処理が苦手」という当事者も多く見受けられました。

僕自身、ノイズキャンセリング付きのイヤホンを使っています。視覚もそうですよね。以前、渋谷に住んでいましたがスクランブル交差点の多すぎる視覚情報がすごく嫌でした。サングラスをかければだいぶ楽でしたけれど。

――先生自身もＡＳＤなんですよね。気づいたのはいつ頃だったんですか？

もう、どうしようもないほどのＡＳＤでし

西脇先生自身も発達障害の特性を自覚しながら日々を送っている

た。子供の頃から人と違ったのですが、お山の大将のような存在だったのでいじめられはしなかった。どちらかというといじめるほうでした。みんな僕の言うことを聞いていたけれど、人とうまくコミュニケーションを取れていないのは感じていました。

例えば研修医時代、ネクタイをしなきゃいけなかったのですが、もともと派手な服ばかり持っていたので、ネクタイもハイビスカス柄をつけていました。それで上司から「君はネクタイが趣味なのか?」と聞かれて「違います」と真面目に答えました。当時はそれが嫌みということすらわかっていませんでしたね。

仕事上のミスに繋がったこともあります。本来、精神科は「精神療法」という名目で料金を取るんです。普通は30分以下なら3500円くらい。当時は1日70~80人も診ていたのにそのことを知らなくて、僕は1年半もその料金を取っていなかったんです。別の大学病院の先生と話していたときに初めて知ったので、その先生からも驚かれました。患者さんも「妙に安いなぁ」と思っていたんじゃないでしょうかね(笑)。

ほかにもキレやすかったり一方的に話をしたり、雑談が得意ではなく、初対面の人とうまく話せませんでした。今は講演やテレビ出演もしますが、昔はとにかく会話ができなかったんです。また、何か一つ自分が嫌だと感じることがあったら全部を拒否していました。

要するに「全」か「無」しかない。基本、完璧主義なので長年付き合っていた人でもちょっと嫌なことがあるとそこで関係を切っちゃうんです。だから、ほとんど友達がいなかったですね。今もそんなにいませんが。

――そんな発達障害の特性に、どう対処しているんですか？

医者になった当時は自分がまだＡＳＤということもわかっていませんでした。ただ、５年目の研修が終わって所沢にある国立の重度知的障害者向けの施設に就職したら、そこには重度の自閉症の方が１２０人くらい住んでいたんです。僕は自閉症に関しては何も知らないまま就職したので、そこで必死に勉強をしているうちに自分も自閉傾向があるということに気づいた。友達がいないのも、雑談が苦手なのもこういうことだったのか、じゃあ無理しなくていいんだと思って、すごく楽になったんです。その後、治療や教育を合わせた「療育」のノウハウを自分に当てはめていった感じです。

――療育とは子供向けのイメージがありました。

基本はそうです。僕がやったのはノースカロライナ大学のTEACCH《ティーチ》プログラム（自閉症当事者やその家族の生活を支援するための包括的プログラム）でした。発達障害の人って優先順位をつけることが苦手だから、例えば荷物がやたら多かったりする。僕も勤め始めの頃はキャリーバッグの中にいつも本を10冊くらい入れて出勤していたんです。仕事中に10冊も本なんて読まないのに。でも、もしかして読むかもしれないと思うと、だんだん荷物が増えていって……。

意識しないと荷物が増えてしまう。だから、小さい鞄を買って荷物を減らす練習をしました。優先順位をつけられないから今やるべきことがわからない。だから朝早く起きてもやるべきことの優先順位に手間取って遅刻しちゃうんです。

あと、これは療育とは違いますが、一方的に話しすぎてしまうのを治すため、10回に1回しかしゃべらないと決めたんです。でも、それでもしゃべってしまう。だから、ずっと手で口を押さえたりしていました。

キレやすいのも、他人に完璧を期待するからなんです。駅で肩がぶつかったときにキレる人も、相手がぶつかってこないと期待しているからですよね。そもそも、人に期待しちゃいけないんだと思うように練習したら、イライラすることが減りました。そして、自分ではなくまずは相手の承認欲求を満たすことを心がけました。

本当に必要なのは「解消法」を教えられる医師

――自分が発達障害だという認知を持つと、いい方向に向かっていくと。

認知をするということは、自分が人と違うと思うわけで、そこがすべての始まりです。何かを変えようというスタートラインに立ったところになります。グレーゾーンの人がどういう方向に行けばいいのかわからないのは、診断されていないからです。だからまずは診断ありきだと思います。

そもそも発達障害の人は、優先順位を決めるのが苦手だから何から始めたらいいのかわからない。ほかの病気でも「なんとなく具合が悪い」と言う人っているじゃないですか。でも、どこが悪いのかと聞いてもそれが言えたら苦労しない、という。それと同じことで、どこの具合が悪いのかを整理してあげるのが私たち医師の仕事です。

——たしかにグレーゾーンの人は働けている人が多いですが、それでも「何をどうしたらいいのか」がわからず、常にギリギリの状態で疲弊している印象です。

そのような方に言いたいのは、次の3点です。

「自分に期待しない」
「他人に期待しない」
「自分は努力をする」

この3点にエネルギーを注ぐべきです。期待が裏切られたり腹が立ったりする感情が動くから、ストレスが増えてしまう。自分には「できること／できないこと」が多いので、過度な期待をしないこと。また、自分は努力をして変わることはできるけれど、他人を変えることはできないじゃないですか。大抵の人は相手に期待して相手が変わらないと文句を言っていて、そんなのは永遠に続くわけです。だからやめましょうと。

これを2週間から1か月くらい、ことあるごとに思い出してもらい、ある程度定着したら今度は相手の自己重要感（自己肯定感を高い状態に保った状態のこと）を満たすように心がけること。普通はみんな自分の自己重要感を満たしたくて、それで失敗します。自分のことは誰も見ていないから、それよりも相手の自己重要感を満たすようにするんです。人によって満たされ方は違うから、そこを一生懸命考える。とにかくこれらを行うことで、かなりコミュニケーションの取れる人間になれます。

先日も、コンビニで働いているという人が部下に連れられて受診にきました。だからこの話をしたら、やはり期待しまくってイライラしていることがわかりました。

――コンビニの仕事はマルチタスクが多いので、発達障害の人にとって大変だと聞きます。

ただ、それも考えようで、システム化されているので実はやりやすいはずなんです。実際にはマルチタスクとは、本当はシングルタスクを素早く切り替えているだけ。コンビニに限らず、マルチタスクはシングルタスクに置き換えることができます。

例えば、自閉症の子供に料理を教えるとき、カレー、サラダ、デザートを作るとして、カレーはこう、サラダはこう、デザートはこう、という教え方ではダメなんです。カレーのニンジンを切って、カレーのじゃがいもを切って、カレーの肉を切って、サラダのレタスをちぎって、デザートの用意をして……というふうにタスクを一直線に並べてあげるんです。そうやってシングルラインにするとできるようになります。

優先順位をつける練習も必要です。段取りが苦手な人は「あれもやらなきゃ、これもやらなきゃ」と、スケジュールを盛りすぎる傾向にあります。だから、ＴＯＤＯリストには５つまでしか書かないと決めます。そうでないといくらでも書いちゃうから。この５つの中で優先順位をつける練習をする。Ａ、Ｂ、Ｃ、Ｄ、Ｅと５つの予定があったら、Ａの中にＡ１、Ａ２、Ａ３と分けてやるものが出てくるかもしれません。Ａ１をやった後は絶対にＡ２のことはやらない、そういう練習です。

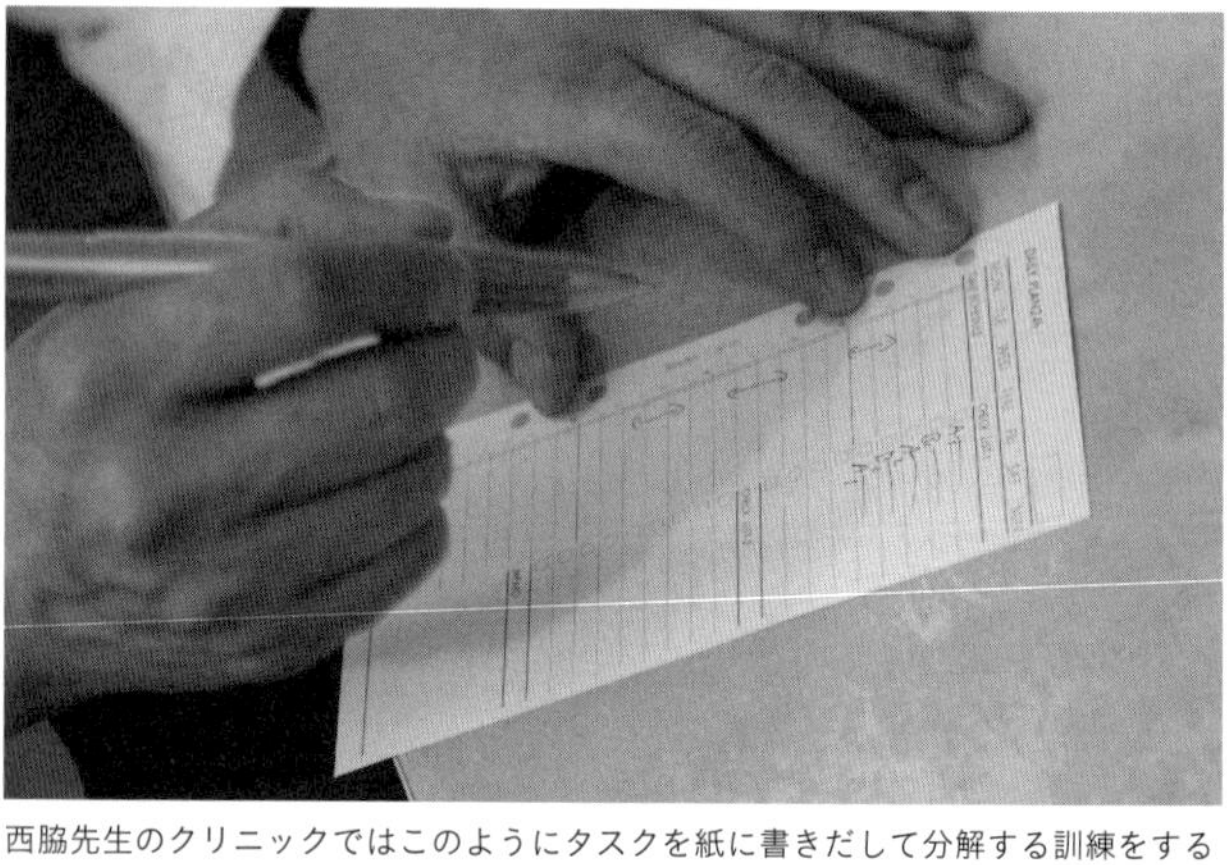
西脇先生のクリニックではこのようにタスクを紙に書きだして分解する訓練をする

──診断の有無よりも、こういうやり方を教えてもらって訓練するほうが重要ですね。

障害者手帳を取るために診断はするけれど、はっきり言ってしまえば、そんなのはどうでもいいことなんです。「困っていることがあればこうしよう」という話のほうが重要で。診断と困りごとの解消法、その両方を教えてくれる人が必要です。詳しくない医師たちは発達障害の人を診ても「しばらく様子を見ましょう」と言うしかない。

正直、現場の医師のなかにはあまり勉強をしていない人もいますし、知識も技術もないことがある。やはり、福祉に携わる人間は知識と技術と善意と情熱が大事です。その４つが揃っていないとダメ。逆に、そこさえしっかりしていくと、明確に結果が出る世界だと思います。

＊　＊　＊

西脇先生の話を聞きながら、ぐれ会！の参加者の人が「診断がおりるかどうかは、結局はいい病院に当たったかどうか」と話していたのを思い出した。「なかには『発達障害は子供の障害であり、大人は違う』と言いきる医師もいる」とも。グラデーション状である発達障害のことを理解しづらいのは、なにも一般の人だけの話ではないのだろう。

ケース③ 加藤陽介さん（仮名・28歳・会社員）

「医師から『傾向があります』とだけ言われ、モヤモヤしていた」

第2章のぐれ会！で司会進行役を務めていた加藤陽介さん。OMgray事務局のメンバーでもあり、普段は一般企業でクローズ就労している。彼はずっとグレさんとして自助会にも参加していたが、5、6回ほどの通院を経て発達障害の診断がおりたという。

就活前に「自分は普通に就職できない」と就労移行支援事業所へ

陽介さんは高学歴で大学院まで卒業している。ただ、研究職を目指して研究に没頭していたのかと思いきや、そうではないらしい。

「院に行ったのは、就活で希望の企業の内定をもらえなかったからという、結構ネガティブな理由です。院生時代も遊んで過ごして、その後に就職したらキツくなってきて。仕事はすべてのことがしんどいです。やはり、社会人は主体的に動いていかないといけない部分があるので。僕、自分が興味のないことに関して主体的に取り組むのが本当に苦手で。義務感でやっていると、どうしても受け身になってしまうところがあるんです。普通の人ができることができないというのはずっと感じていて、親から心配されて育ったし、いじめられたこともあります。

今、ぐれ会！のリーダーをやっていることからもわかるように、好きなことならガッツリ取り組めるんです。でも、興味が出ないことになると自分の世界に入ってボーッとしてしまう。例えば、学生時代の授業中。先生の話を聞かないといけないのに頭の中では漫画のことばかり考えていました。今はもう、ぐれ会！のメンバーなどもいて友達も増えましたが、小学校1、2年生の頃は友達がいませんでした。幼稚園の頃もみんながクラスの子たちと遊んでいるなか、僕は職員室に行って先生にべったりという感じで。ただ、やんちゃなことをするタイプではなくて先生たちには可愛がられました。自分で言うのも変ですが、社会性に関してはある程度大きくなってからやっと身についた感じがします」

就活の時点で「自分は普通には就職できない」と自覚し、就労移行支援事業所に就労訓練に行ったという。そこでパソコンの入力業務などの訓練を2週間ほどしたら、難なくできた。就労支援事業所には自分よりも自閉傾向が強い人が集まっており、そこにいると陽介さんは問題なく仕事ができる側だったという。就労訓練の担当者からも「少しだけフォローがあれば、あなたは社会人としてやっていけると思います」とフィードバックを受けたという。そのとき「自分は考えすぎていた、なんとかなるだろう」と思ったそうだ。

「でも、アルバイトは物覚えが悪すぎて2か月で辞めたこともあります。飲食店のホールや鮮魚店、イベント設営の派遣などいろいろやりましたが、どこでも仕事内容の現状が把握できない。ある程度作業をやった後で『ああ、こういうことか』と気づくというか、あとから理解が追いついてくる感じなんです。でも、コンビニでのバイトは4年続きました。店長がすごくいい人だったのと、ほかのバイトをしても続かないと思い、辞めるに辞められなかっただけなのですが。でも、怒られることは多かったし、僕よりあとから入ってきた人のほうが仕事できることはザラでした。だから、アルバイトを通して仕事に対する自信はどんどんなくなっていきました」

初診から約半年後、病院で〝グロ〟だと診断を受ける

就職後の1年目は研究職の部署に配属された。しかし、仕事上でのミスが多く、なに

より興味がないことだとまったく集中できない。「発達障害の人は理系の仕事が向いている」と、ネットの記事でもよく目にするが「そもそも理系分野自体に興味が持てない」と陽介さん。仕事として割り切ろうという気持ちはあるのに、エネルギーがわいてこなかったという。

そして、入社2年目も引き続き同じ部署の研究職で「このあたりからだんだん精神的にもきつくなってきた」という彼は、同時期に精神科を受診することにした。

「けれど、初診では『傾向がありますね』としか言われていなかったので、モヤモヤだけが残ったんです。それでしばらく通院してみることにしました」

何回か通院するうちにWAIS－Ⅲをはじめとした心理検査を受けた。結果自体はそれほど個別の能力の開きは見られなかったものの、5、6回通院した後にASDとADHDの特性が認められ、発達障害の診断がおりた。初診から約半年かかったという。今年に入ってから朝に1錠、ADHD用の薬「コンサータ」を服用し始めている。

「診断がおりたときはホッとしました。もしここでも『あなたの努力不足です』と言われてしまっていたら、自分が信じられなくなっていたと思います。コンサータを飲み始めたら、会議や昼食の後に突然眠くなることが減りました。とはいえ、服用している人の体験談で『コンサータを飲んだらスーパーサイヤ人のように能力を発揮できるようになった』などと聞くことがあるのですが、そこまでの影響は起こらなかったですね。『あ〜何もしたくないな』という倦怠感から抜けて、なんとか仕事に取り組める状態になる程度で」

陽介さんは今では精神障害者保険福祉手帳も取得している。重い二次障害は発症していないものの、会社で受けたストレスチェックでC判定が出たので、今後、発症したときに役立つと考えたからだ。

ただ、発達障害という診断がおりたことも、障害者手帳を取得したことも会社には伏せたままだという。

「重い二次障害は出ていませんが、今後もし発症した際、手帳があると有利になると思って取りました。例えば部署異動となり、苦手な営業マンをすることになって辞めようとしたとき。失業手当を受ける際には手帳を持っていれば期間が少し長くなると聞いたんです。ほかにも手帳がないよりあったほうが、就労支援や障害者向けの職業センターにも通いやすいと思って。重い二次障害で動けなくなって手帳の手続きすら、体力的にできなくなった場合のため、今のうちに手をうっておこうと」

陽介さんの場合、診断がおりて障害者手帳も持っている。しかしそのことを隠して働いているので社会的にはグレさんという立ち位置にいるといえる。グレさんで人間関係に悩む人は多いが、今の職場は幸いにも人間関係に恵まれているという。ただやはり、仕事ができないことのコンプレックスは強い。「このまま仕事を続けても昇給する自信などないし、結婚もできないのではないか」と、不安を抱えているそうだ。

「仕事と恋愛に関してはまったく自信がありません。女性とも交際したことがないです。恋愛をしたいなという気持ちはありつつも、発達障害で、なおかつ給料もあまりよくない。ほかにそれを覆すような長所もないので、もしお付き合いできることになっても『俺なんかでいいの？』と相手の女性に申し訳なくなってしまいます。

自分の才能をバリバリ活かしてプログラマーやアーティストをやれるならいいのですが、そういった突出した才能もないので……。だから、ぐれ会！の活動において、特技や才能がない当事者もいることや、特技がなくても生きていきたいこと、弱音を吐いたっていいということを伝えたいです」

仕事に熱意は持てないが、ぐれ会！の活動は熱心に行っている陽介さん。なぜ頑張れるかというと、「単純に活動が楽しいから」だという。グレーゾーンという自分の問題に関係しているものを突き詰めていくことや、人のためになれることに興味があるのだ。

「ぐれ会！において特別な志を持っているわけではありませんが、微妙な立場にいるグレーゾーンの人の居場所として成り立っていればいいなと思っています。仕事がうまくいかなかったり、嫌なことがあったりしても、ぐれ会！に行けばみんなに会えて仲間がいるなと思える。そういう場にしたいです」

ケース④ 高橋由美さん（仮名・42歳・フリーライター）

「正直、発達障害の診断をもらった人がうらやましいです」

子供の頃から忘れ物や落とし物が多く、親から怒られてばかりいた由美さん。医療系の秘書として働くが、マルチタスクが困難でミスが多く、さらにパワハラに悩まされて職場を転々とすることに。現在はフリーライターとして働いている。

子供の頃から「自分のできなさ」で悩んできた

取材現場にやってきた由美さんは、清楚なカジュアルルックに身を包み、一見すると「仕事ができる人」という印象の女性だった。受け答えもハッキリしていて、非常に聡明な印象を受ける。しかし、由美さんは子供の頃から、「自分のできなさ」とどう折り合いをつけるかに悩んできた。見た目や会話内容からは発達障害の特性を感じさせない、まさにグレさんの典型的な例と言える女性だ。

由美さんが発達障害を疑ったのは30代半ばだった。とにかく朝が起きられず、よく遅刻してしまう。スマホのアラームを3分おきに20回もセットし、目覚まし時計も2つ使っている。そこまでしないと起きられないのだ。また、夜型で睡眠の質も悪く、睡眠導入剤を飲んだりスリープクリニックに通ったりしたこともあったが、なかなか改善しない。スリープクリニックでは「寝る時間を毎日30分ずつ繰り上げていきましょう」と指導されたが、うまく実行できないため、しまいには「努力不足」と呆れられてしまった。近年は、昼夜逆転気味の生活を送っている。

「小学校中学年までは特別、朝は苦手ではありませんでした。でも、両親のしつけが厳しいうえに小学校高学年のときの担任の先生が体罰を与えるような人だったので、ストレスで脳が萎縮してしまった結果、後天的にこのような特性が出るようになったのかもしれない、と今は思っています」

発達障害は前頭葉の働きに何かしらの不具合があり、それが関係しているのではないかと言われている。また、虐待などで強いストレスを受けた子供も脳が萎縮するという研究結果が出ていて、以前、取材をした発達障害を疑う人も「強いストレスを受けた後からADHDに似た特性が出るようになった」と語っていた。

「でも、思い起こすと小学校低学年から忘れ物が多かったり、机の中がぐちゃぐちゃだったりしたので、何が原因なのか明確にはわからずにいます。多動症の一つなのか、小学校低学年の頃は噛み癖がひどく、鉛筆は全部歯形がついてボロボロになっていました。また愛情表現の一つだったのかもしれませんが、幼稚園の頃、仲のいい男の子の腕によく噛みついていました」

由美さんは、抱えている発達障害の特性について、自分のなかでは「ADHDとASDの混合型」と考えているそうだ。

「今はフリーライターをしていますが、先延ばし癖があるので、朝までファミレスで原稿を書いて締切ギリギリに間に合わせる感じ。でも書き始めると止まらなくなる〝過集中〟な面もあり、自分をうまくコントロールできずにいます。あと、思い込みも激しく、待ち合わせの時間や場所の勘違い、電車の乗り間違いが多いです。

また、人の顔がなかなか覚えられず、3回会ってようやく覚えられるレベルで。特にスーツ姿でメガネをかけ、髪を七三分けにしている営業の人たちが見分けられず、同じ人に名刺を2回お渡ししてしまったこともあります。仕事で制服を着ている人が普段着姿だった場合も、すぐには同一人物だと認識できません。名前もなかなか覚えられないです」

そんな特性の影響で、自分は笑わせているつもりはないのに周りからは「ドジっ子」や「天然」として笑われてしまう。子供の頃からそうだったので、大人になってからは積極的に「やらかしネタ」を披露し、自虐ネタとして笑ってもらうことを選んだという。

医療機関で秘書として働くが、挫折を経験

由美さんは就活でもうまくいかなかったため、大学卒業後は親に紹介された医療機関で秘書として働いた。しかし、マルチタスクが多いため、上司に怒られる日々になってしまう。明らかにストレスのはけ口と思われるような怒られ方や、パワハラを受けることもあったという。

「その職場では上司にお昼ご飯を用意しないといけなかったのですが、サラダのドレッシングのかけかたが足りないと怒られたり、コーヒーの淹れ方に文句を付けられたり。ほかの秘書は怒られず、私だけ暴言を吐かれます。残業代が出ないのに、私だけ遅くまで残業させられることも多かったです。でも、その上司以外はいい人ばかりだったので、反骨心もあり、6年間その職場で頑張りましたが、今思うともっと早く辞めるべきだったなと。組織というもの自体が私には合わないのだと痛感しましたね」

秘書を辞めた後は、宝石店のアルバイトや写真家の事務アシスタントなど、職を転々とした。いろんな職場を体験したが、どこへ行っても必ずパワハラやセクハラに遭ってしまう。怒られると怖くて萎縮してしまうので、気弱な態度から、さらに暴言を吐かれるという悪循環だった。両親や小学校高学年のときの担任からガミガミ怒られたトラウマがいまだに強く残り、自己肯定感が低いことがパワハラやセクハラを受けやすい要因なのではないかと、自分では分析しているそうだ。

「仕事上の人間関係で悩んでいたとき、本などで発達障害を知り、30代半ばで心療内科のクリニックに行ってＷＡＩＳ－Ⅲを受けました。その結果、動作性ＩＱと言語性ＩＱの差が16で、得意不得意はあるけれど発達障害の域ではないという医師の診断だったんです。医師には『あと一歩で〝クロ〟だったね』と言われました。どうせなら発達障害だとハッキリ言ってほしかった。自分のなかで『仕事上のミスは発達障害のせいだったのだ』と問題を切り離せたら、自己肯定感も上がると思っていたんです。それなのに発達障害と診断されなかったので、すべて自分の努力不足のせいだと、ダメな人間だと言われたようで落ち込みました。これはグレーゾーン特有のツラさかもしれません。正直、診断名をもらえた人がうらやましいです」

その後はカウンセリングやヒプノセラピー、スピリチュアル系と、さまざまなセラピーを受けたり山のように本を読んだりして、かなりの金額を費やした。しかし、一時的には自己肯定感が上がるものの、根本的な解決には至らなかった。改善しないので、サジを投げてしまうカウンセラーもいたほどだ。

「母にも『私は発達障害の傾向があるかもしれない』と伝えたのですが、『そんなの言い訳よ！』と、全然理解してくれませんでした。うちの母は『女は良妻賢母であるべし』という価値観を私に押しつけてくるので、自由にアクティブに生きたい私とはわかり合えないです。親との関係を更生する認知行動療法のプログラムに通っているほど、母との折り合いは悪いですね。けれど、この間テレビで発達障害について知った母から『あなた、もしかしてこれなの？』と言われたんです。『何をいまさら……』と思いました。私がいくら力説しても伝わっていなかったようです」

自己肯定感が低く『私には価値があるのだろうか』と悩む

恋愛の面でも悩むことが多かった。過去には婚約までいった彼もいたが、由美さんが発達障害のことを話したら婚約を破棄されてしまい、あまりのショックに「生きている意味なんてないのでは」と、思い詰めたという。

「発達障害傾向があると、『私には女性としての価値があるのだろうか』という不安が常にあるため、自分が幸せになることに対してブレーキがかかっているように思います。デートに誘われてうれしいのに、なぜか返事をしなかったり、荷物を持ってあげると言われたのに断ってしまったり。お見合いも100回近くしたのにうまくいきませんでした。自己肯定感が低い人が恋愛をすることは、とても難しいみたいです」

由美さんは現在、医療機関で働いた経験を活かして医療系のライターをしている。組織に属すことが合わないことや、得意な言語能力を活かすことができるので、仕事自体は向いているという。

発達障害の傾向に関して、信頼できる友達には話しているが、すべての知人にオープンにする勇気はまだない。発達障害グレーゾーンである以上、診断も障害者手帳もないため、遅刻癖などの特性を「甘えなんじゃないか」と言われたら、納得してもらえる根拠がないからだ。

「以前、友達との待ち合わせに遅刻してしまったとき、発達障害傾向で遅刻癖があると言ったところ『発達障害だから遅刻したっていいの?』と言われてしまい、傷ついて疎遠になったことがあります。ただ、なかには私を理解してくれる友達もいて、私の遅刻癖も受け入れてくれます。友達の誕生日に、早めにレストランに行ってサプライズの準備をし、待ち合わせ場所に時間通りに行ったら、逆に『どうしたの？』と訝しがられてしまいました（笑）」

聡明で上品な印象の由美さんだが、そのハキハキとした言動の裏には「周りに知られたくない。でも、ありのままの自分を受け入れてほしい」という強い葛藤が感じられた。

第5章　グレーゾーンにとって必要な「支援」の形

〈プロフィール〉

鈴木悠平 氏

ウェブサイト「LITALICO発達ナビ」「LITALICO仕事ナビ」編集長。東日本大震災後の宮城県石巻市でのコミュニティ事業や、大学院での地域保健政策及び高齢者ケアの国際比較研究などを経験。その後に株式会社LITALICOに入社し「LITALICOジュニア」での指導員、「LITALICO研究所」での研究活動、組織運営を経て、現職に就く。

◆「LITALICO発達ナビ」（https://h-navi.jp/）

◆「LITALICO仕事ナビ」（https://snabi.jp/）

グレーゾーンが支援を受けるには、医師による「意見書」が必要

これまで紹介してきたグレさんたちは、多くの人が仕事において悩みを抱えていた。そんな発達障害傾向のある人たちに対して就職に向けた支援を行う福祉サービスに、株式会社LITALICOが運営する「LITALICOワークス」がある。全国に66拠点（2018年3月時点）も構えており、障害者支援を事業にする企業のなかでは最大規模だ。同社では一体、どんな支援を行っているのか、LITALICOが運営するサイト「LITALICO発達ナビ」及び「LITALICO仕事ナビ」の編集長を務める、鈴木悠平さんに話をうかがってきた。

――まず、LITALICOとはどのような企業なのか教えてください。

LITALICOは「障害のない社会をつくる」をビジョンに掲げ、発達障害ポータルサイト「LITALICO発達ナビ」、障害のある方の就職情報サイト「LITALIC

O仕事ナビ」というインターネットプラットフォームを軸に、障害分野でさまざまなサービスを提供しています。困難のある当事者に対する直接支援（就労支援サービス「LITALICOワークス」、ソーシャルスキル&学習教室「LITALICOジュニア」）を全国で展開するほか、障害のある子供の家族向けライフプランニングサービスや業界全体の質向上に寄与する福祉施設向け業務支援サービスも行っています。そのうち、発達障害グレーゾーンの方を含む、障害のある方への就労支援サービスが「LITALICOワークス」になるわけです。

これは、障害者総合支援法にもとづく「就労移行支援事業」という福祉サービスに該当し、精神障害や知的障害、身体障害などの障害により自力では一般就労を目指すことが難しい方に、支援を通して就職に向けたサポートを行っています。就労移行支援は、支援が必要だという受給者証を取得したうえで最長2年通える福祉サービスです。事業収入は税金を財源とする公費で賄っているので、利用者の自己負担額は1割です。世帯収入による月額の負担上限が決まっており、無料で利用できる場合もありますね。

――グレーゾーンの人でも利用できるサービスなのですね。

はい。利用者には障害者手帳を持っている方が多いですが、グレーゾーンの方を含め、障害者手帳を持っていない方もいます。またほかにも、うつ病などの精神障害の診断名がついており、「精神障害者保健福祉手帳を取得しているけれど、実はその根底に発達障害の特性もあるかもしれない」という方もいますね。

ただ、グレーゾーンの方のように確定診断や手帳がない方だと、サービス利用の認定審査において「医師意見書」が必要になります。つまりグレーゾーンの方の場合、医師による確定診断があるかどうか、手帳を持っているかどうか、就労移行支援を利用できるかどうかは必ずしもイコールではないんですね。いずれにせよ医師の意見なども参考に「支援の必要がある」と認定された場合は、就労移行支援を利用することができます。

発達障害であるなしにかかわらず、人間は一人ひとり違う特性を持っています。誰もが自分の願いに応じた働き方ができたり、お互いに得意や苦手を補いあいながら働ける社会が理想だと思いますが、今の世の中は発達障害をはじめ、マイノリティ的な特性のある人がつまずきやすい状況です。そのような方が、自分に合った働き方や学び方に繋がれるようなサポートを心がけています。

——利用者はどんな年代の方が多いですか？

ボリュームとしては、20、30代の層が多いですね。一定期間就職していたけれど、そこで精神疾患を患って休職・退職し、再就職が難しくなりＬＩＴＡＬＩＣＯワークスを利用するというような方、疾患症状による長期間の療養やひきこもりを経験し、そこから初めて就職に向けた一歩を踏み出す方など、利用にいたる背景はさまざまです。大学生や専門学校の最終学年や、卒業直後など比較的若い利用者さんもいますね。

——当事者を取材しているなかで、ＬＩＴＡ

LITALICOが提供するさまざまなサービスを紹介する冊子

LICOさんとは別の就労移行支援を利用した方の話を聞きました。「ラベル貼りなどの単調な作業ばかりで退屈してしまって続かなかった」という声です。LITALICOさんでは就労に向けてどのようなサポートを行っているのでしょうか？

たしかに、仕事選びは「こういう障害だから単調作業が向いている」といった、シンプルな問題ではありませんよね。その人自身がどう生きていきたいのか、どういうふうに働きたいのか。そのなかで、発達障害の特性とどう付き合っていくのか。一人ひとりにとっての正解は異なります。ご本人にとっての自分らしい働き方を、利用者さん同士やスタッフと話すなかでクリアにしていき、その実現につながる就職先を一緒に探していくことが大切だと思います。まずはLITALICOワークスへの安定的な通所や体調管理から始める人もいれば、比較的早期から本格的な就職活動に移れる方もいます。一人ひとりのニーズに合わせて、就職とその後の定着までの流れをサポートするのが、LITALICOワークスのスタッフの役割です。

具体的なプログラムとしては、エクセルやワードでの文書作成などの基本的な業務スキルを身につける講座ももちろんありますが、ソーシャルスキルトレーニングや、自分の病気や障害との向き合い方、それをどうやって他人に伝えるかという対人関係や自己理解・他者理解のためのプログラムも充実させています。

基本的なプログラムは全国のワークスで標準化して提供できますが、地域ごとに状況やスタッフの個性も違うので、各センターのスタッフが工夫してオリジナルのプログラムを提供することもあります。例えば、ヨガができるスタッフがいれば「土曜日はヨガをやる日にしよう」とか、外部講師を呼んで面接のコツを教えてもらったり、先輩当事者の話を聞いて作るような特別プログラムを実施することもあります。その人がどうすれば本質的に幸せに生きて働いていけるのか、そのために何が必要なのかを、日々、現場のスタッフ全員が利用者さんと向き合いながら支援をしています。

慣れてくると、センターでのプログラムだけでなく、企業や地域のお店などで職場体験実習もやりますね。短くて２、３日、長い人は２週間くらいです。たとえば支援センターのすぐ前のコンビニで実習を受け入れてもらうこともありますし、各センターのスタッフが「実習を受け入れてくれませんか？」と、独自に利用者さんの希望に合った実習先を開拓することもあります。本採用ではなく給与も発生しないのですが、いきなり面接に行って本採用に挑戦する前に、働くことに対してイメージを持ったり、実際に現場に出ることで「こういう仕事も面白いかもしれない」と、その人の世界を広げていくうえでの重要な機会になります。

また、全国のＬＩＴＡＬＩＣＯワークスから本社に実習を受け入れることもあります。受け入れる部署によって内容はさまざまですが、たとえば、広報部門で掲載記事のファイリングや名刺整理などの事務補助に入ってもらったり、マーケティング部門でアンケート調査の回答データ入力を行ってもらったり……。僕が管掌する編集部で受け入れたこともありますね。

通所での訓練の後や実習を経て、本格的に就職を目指せる段階になると、就職活動メインの過ごし方に入ります。ご自分でインターネットなどで求人を探すこともあれば、ハローワークに張り出されている求人を我々が定期的にとってきてセンターに張り出したり、スタッフが「この人に合うのはこの企業なのではないか」と、就職先を提案したり、一緒に探すこともあります。履歴書や面接の準備もスタッフがサポートし、晴れて就職するとＬＩＴＡＬＩＣＯワークスを卒業することになりますが、就職後も「定着支援」という形で継続的にサポートしています。

障害者手帳を取って「オープン就労」したほうが企業も対応しやすい

――ここ数年で発達障害という概念が広まっているので、ＬＩＴＡＬＩＣＯさんを利用する方は増えましたか？

　そうですね、２０１８年４月から企業などでの法定雇用率が上がったのと、発達障害も含めた精神障害者も雇用義務の対象になったこともあって、多くの方にお問い合わせやご利用をしていただいています。また、発達が気になる子供の学習支援を行う「ＬＩＴＡＬＩＣＯジュニア」は、以前から待機児童が出るくらい多くのお問い合わせをいただいていますし、ＬＩＴＡＬＩＣＯ発達ナビの利用者も増え続けています。

――ＬＩＴＡＬＩＣＯワークスを利用された人は、基本的にはその後、障害者雇用枠で就労することが多いのですか？

どちらの場合もありますが、多いのは障害者雇用、いわゆる「オープン枠」ですね。ただ、本人の希望で職場の人に言わずにクローズで就職するという手も選択肢としてはあります。ただ、クローズだと企業に対して自分の障害や特性を開示しない状態で入社するので、職場の理解や支援を得にくいというデメリットはあります。本質的には、オープン枠だろうがクローズだろうが、お互いの違いを理解してマネジメントがなされることが重要だと思います。しかし、今はやはり手帳を持ってオープンにして就職したほうが、企業としても心の準備や対応しやすい面はあると言えるでしょう。

また、オープン枠だと我々も職場訪問をして、本人と企業の間に入りながら定着支援を行うことができます。クローズの方に対しても定着支援はできるのですが、会社側は事情を知らないので、職場外での面談など、本人のみへの支援になってしまうんです。

――発達障害を含む精神障害者は急な体調不良にもなりやすいため、給与水準が低くなりがちだと聞きましたが……。

まず大前提として、障害者雇用だからという理由だけで給与を低く設定することはできません。ただ、現状としてはどうしても就職経験がなかったり障害や病気があるが故に勤怠が安定しなかったりする人の場合、雇う側としてもいきなりフルタイムの正社員での雇用は難しい面があります。また、発達障害や精神障害のある方は、対人コミュニケーションや業務の習得につまづきやすかったり、気分の浮き沈みと業務のパフォーマンスや勤怠が結びつきやすかったりします。自分の給与を上げていくための機会や経験を積みにくいし、または時間がかかることも少なくありません。そういったさまざまな要素が絡み合って、責任のある業務や役割につけずに、全体として見ればお給料が低い傾向にあるのが現状でしょう。

でも、本人からすると、それでも働いていかないと経験も積めないしステップアップもできない。本質的には、障害のある方を含めた社員のキャリアをどう開発していくかという、企業側のマネジメントの課題だと思っています。最初からいきなり正社員は無理でも、その人に働きたいという意思があれば、少しずつその人のスキルや仕事の幅が広がっていくように、長期的な目線を持って支援をしていくことが重要でしょう。

ただ、現状としては障害者雇用の方に単純な仕事を切り出して「この仕事だけやって」というような現場もなきにしもあらずで、企業側が変わっていくべき面は大きいと思います。

――オープンで就職される方が多いとのことですが、グレーゾーンの方にお話をうかがうと、ほとんどの人がクローズで働いています。

これまでお話してきた就労移行支援を利用せずに、自力で就職している方もグレーゾーンのなかには少なくないでしょう。ですが、だからといって自力でクローズ就労しているグレーゾーンの方々に困難がなかったり、支援が必要ないかといえば、そうとは限らないと思います。グレーゾーンの方ゆえの生きづらさとして、周囲の人の理解や支援の得にくいということもありますし、それだけでなく、本人も自分のアイデンティティや自己理解がしっくりくるところを見つけるのが難しいという点もあると思います。病院に行くけど確定診断がおりず、「自分は発達障害なのか、そうでないのかはっきりしてほしい」とモヤモヤした気持ちになる人もいます。

もちろん、診断がおりたからそれで万々歳というわけではありませんが、当事者の人に話を聞くと、「努力不足や自分のせいではなかったとわかって、気持ちが楽になった」という人が多いです。ただ、確定診断がおりなくても、心理検査を受けたり病院で医師の見解を聞くことは自己理解の一助になります。「診断はおりなかったけど自分にはこういう傾向がある。だからこういう対策をしよう」と、グレーゾーンの方もグレーゾーンなりに自分の人生を歩んでいく術を見つけていければいいなと思います。

僕自身が「グレーゾーン」という立ち位置に悩んでいた

――鈴木さん自身も最近、適応障害と診断されたとSNSで公表していましたよね。

そうですね。ちょっと仕事のストレスがかかりすぎることがあって、夏に適応障害の診断を受けました。ただ、それ以前からもともと得意不得意の凸凹が大きくて苦労してきていて……、僕自身もグレーゾーンの位置にいるなと思います。確定診断は受けていませんが、ＡＤＨＤの傾向がかなり強めです。コンディションによっては軽い吃音のような症状も出ますね。処理速度は早いほうなのと、言語性の能力に秀でていたので、それをうまく活かしてなんとかやれていますが、苦手な作業や状況が続くと、ドッと疲れます。

——LITALICOさんのなかでは、何か障害を持っていたり、特性に凸凹がある方が多く勤務されているんですか？

はい。障害者雇用枠のスタッフももちろんいますし、障害者雇用枠ではないけれど、さまざまな特性を持った社員が働いています。なかには、LITALICOワークスで訓練を受けてそのままLITALICOに採用された人もいます。本社での業務だけでなく、ご自分の発達障害当事者としての経験も活かしながら、LITALICOジュニアで発達障害の子供たちの支援に携わっているスタッフもいます。僕のチームにも、フルタイムやパートタイムで勤務しているスタッフもいれば、ライターとして業務委託で関わってくれている人もいますね。

いろんなスタッフと働いていて思ったのは、診断や障害者手帳の有無は相手を説明する要素の一つにすぎないということですね。お互いを理解することや、人はみんな違うことが当たり前であること。それを前提に働かないといけない。チームにはいろんな人がいるので、「体調も含めてうまくシェアしてサポートしながらやっていこう」というのをチームの文化にしてきたので、僕が適応障害になってからも、みんながフォローしてくれて頼もしかったです。

――当事者は人間関係で悩むことが多いし、「お互いが違う」という前提があると職場での意識が変わってきそうです。また、特性によっては耳からの情報処理が苦手という人も多いですが、業務上でそのような特性をどうフォローしていますか？

その人に合わせて個別のマニュアルを用意する場合もありますし、誰にとってもわかりやすいマニュアルや業務ルールを作る場合もあります。メディアや編集の仕事はテキスト中心のやり取りになりやすいので、言語性に秀でている人には比較的力を発揮しやすい仕事だと思います。逆に、ビジュアル（視覚情報）で説明

鈴木さん自身もグレーゾーンという立ち位置に悩んだ時期があったという

したほうがわかりやすいという人にはイラストや図などを使った補足資料があったほうがいいですね。
ただ、一概に発達障害といっても、視覚情報処理が得意だから文章での理解が難しいということでもありませんし、発達障害でない人でも、たとえば全員が理解すべき新しい業務などがあったときは、図解入りのわかりやすいマニュアルを作ったほうが便利ですし、個々人のニーズとチーム全体の状況を踏まえて工夫することが大切だと思います。「私はこういうことが好きで、こういう仕事は得意で、これは苦手」という自分の「トリセツ(取扱説明書)」をつくるワークショップをチーム全員で実施して、それをお互いに共有するというのも、いい方法です。

——自分を客観視できる「取扱説明書」のようなものがあると便利だなと思いますが、一方で、自己理解を深めないとなかなか作るのは難しいかなとも感じます。

自己理解を深める方法はさまざまです。同僚や上司のフィードバックを受けたり自分自身で振り返りの記録をつけたり、自分たちが職場でできる方法もありますし、病院やクリニックで心理士による心理検査を受けるという方法もあります。「ストレングス・ファインダー」などの、職業適性や性格・価値観を知るための種々のテストツールも役に立つと思います。

ほかにも、チームで集まってお互いによかったことや改善点を出し合う会を開いたり、定期的に上長とスタッフ、またはスタッフ同士が一対一でざっくばらんに話す「1on1」という場を設けたり、メーリングリストやチャットツールでその日の気分や体調、困ったことを日常的に共有し合う仕組みをつくる……など、お互いにフィードバックをし合って自己理解が深まるサイクルを、日常的なチーム運営の仕組みに埋め込んでいくのがいい方法だと思います。

――ちなみに、業務上で鈴木さんが苦手なことって何ですか？

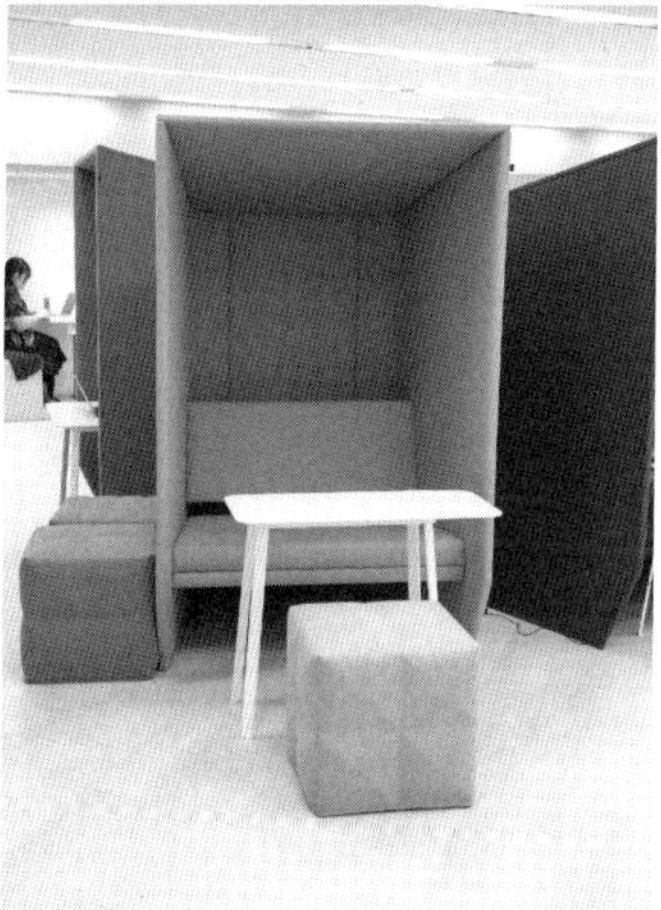

LITALICOのオフィスでは周りからの雑音や刺激を遮断して作業ができる個人ブースもある

僕は書類仕事や事務系が苦手です。頑張ればできるのですが、ＡＤＨＤの人に多い「先延ばし傾向」があるので、すごく仕事を溜めてしまうことが多くて。あと、周りの刺激に注意を持っていかれやすくて、誰かと会話中も他のことが気になって違う方向を見ていたり、興味がない内容のときは本当に興味がない対応をしてしまったりしますね。そんなとき、スタッフからは「悠平さん、戻ってきてください！」とミーティング中に言われることもありますよ（笑）。

発達障害の診断や手帳は、自分を説明するための資料

――先日、グレーゾーンの会のぐれ会！に参加してクローズで働いている当事者の人の話を聞いたところ「最低限のことができていないから、助けてほしいときも手伝ってほしいと言えない」と言っていました。

難しいところですね……。そのポストの採用基準にもよりますし、企業文化やその職場

の習慣のようなものもあるでしょうし、「最低限のこと」や「当たり前にできるべきこと」という水準が画一的であったり、柔軟性がないところだと非常にしんどいと思います。でも、程度の差はあれ、書類仕事が苦手な人や忘れ物をしやすい人はいます。診断名がない人だって、本当はちょっとしたところでお互いサポートし合っているはずなんです。

グレーゾーンの方のなかには、できないことを人に伝えると逆に居場所がなくなるという不安でブレーキがかかっている部分もあると思います。でも、「こういうことが苦手なのでマニュアルを作ってもらえませんか？」とか「少し不安なのでダブルチェックしていただけませんか？」と、伝え方を工夫するという手もあります。もちろん、それですべてが解決するわけではありませんが、困難を解決する方法の一つです。

――たしかに私自身、まだ発達障害の診断を受けていない事務職の会社員時代には、上司に書類のダブルチェックをお願いしていました。私以外の人もダブルチェックが当たり前の習慣だったので……。

そうやって具体的な業務をしっかり分類すると、意外とグレーゾーンの方でもクローズで楽に働ける可能性がありますよね。

ただ、グレーゾーンであるが故に、本人も周囲も、必要なサポートに気づきにくいことがあります。グレーゾーンでも利用できるサービスがあることや、そもそも職場環境を整備する方法があるということです。先ほどのぐれ会！参加者の方を含め、「助けて」と言うのではなく、自分が「がんばって耐える」という方向に偏ってしまい、解決するための発想が生まれにくい面があるんですよね。

——私自身、まだ発達障害に関してほとんど知識がなかった頃は「ASDの人はコミュニケーション能力に問題があるから営業職は向いていない」とか、「衝動性が強いADHDの人はクリエイティブな仕事が向いている」などと思い込んでいたのですが、取材を続けるうちに、実際はそうではないなと。LITALICOさんで支援を受けた後、就職するのはどんな職種が多いのですか？

傾向としては事務職が多いです。でも、おっしゃるとおり、発達障害といっても特性はさまざまです。ADHDの人にこの仕事は向き・不向きという一般論は言えなくもないのですが、勤務時間中ずっと得意な作業をしていればいいという状況は、そもそもとても少ないですよね。営業職であっても、たまにオフィスに戻って書類仕事をしなければいけないこともある。

この職に就けばADHD傾向の人はみんな活躍できるという簡単な話ではなく、やはり大事なのは、どういう仕事に就いたとしても得意なことを活かせる場面と苦手なこともしないといけない場面は出てくるということです。全体的に自己理解を持ったうえで苦手なことに直面したとき誰かに助けを求めたり、自分の特性を踏まえたマニュアルを作ったり、環境調整をするなど、対処法の引き出しを作っていくほうが大事だろうなと思っています。

あとは、本人がどのように働きたいかです。例えば、コミュニケーションは苦手だけど細かい作業が好きだからと、はじめは事務作業中心の仕事に就いた人のなかにも「向いている作業を極めたい」というパターンもいれば、「チームで働くことの面白さに目覚めて、リーダーやマネジメント業務を目指す」という考えにいたる人もいるでしょう。そこでマネジメント業務という新たな目標が生まれたとき、他者理解やチーム運営など、新たに求められるスキルをどのように身につけていくべきかという課題は生じますが、それもまた個別にステップを踏んでいくことが重要ですね。

――発達障害当事者のなかには、マネジメント側に立ったときに急に業務に支障が出てくるという人もいますよね。

もともと個人としての営業成績はよかったのに、その成果を評価されてマネージャーになったとたんミスが増えるようになった、というのは〝あるある〟のつまずき事例ではありますね。ただ、その解決法がないわけではありません。自分の苦手な部分を部下にも理解してもらって、うまく業務を任せたり、サポートしてもらったり……。マネージャーも含めてチーム全体でお互いの得意不得意を補い合えるチームを作っていけるといいですね。

――グレーゾーンの人と接してきて頻繁に話題にあがるのが、仕事ができないことを「それは怠けだ」「言い訳だ」と世の中的には受け止められがちだという悩みです。そういった風当たりに関して、鈴木さんはどう考えますか？

苦手なことに対して「怠けや言い訳」と非難する方には、「じゃあ、怠けとそうでないときの境界線が明確に自分自身でわかるのか？」と聞きたいですね。誰だって「今日はちょっと気分がのらないな」というときってあるじゃないですか。人間は気持ちもパフォーマンスも相互作用なので、サポーティブな環境だと苦手なことにも挑戦してみようという気持ちになったり、もうちょっと頑張れそうだと思えたりします。少し気分が落ち気味の人に怠けだ、言い訳だ、なんて言うことは、結果、本人の本来眠っていた力を吸い取ってしまう場合もあるんです。

僕も、苦手な書類仕事をやらないといけないとき、スタッフから「今日、締め切りですよ」と声をかけてもらい「わかった、今やった！」と言うと「えらい！」と褒めてもらえて自己肯定感が上がったりします（笑）。そういう周りの配慮がグレーゾーンの人のやる気を起こさせるんです。「怠けだ」と言う人が24時間２００％の力で働いているかというと、絶対そんなことはないですよね。

――周りからの「言い訳だ」という言葉によって、「言い訳ではない」という納得のために診断を欲しがる人が生まれているんじゃないかと思います。

自分の「納得」のための診断がほしいというのは、ご本人のお気持ちとしては不自然ではないと思います。

ただ、先ほどもお話ししましたが、診断や障害者手帳は自分を説明できる資料のほんの一部分であり、支援や就職に向けた入り口でしかありません。障害者雇用で入社したとしても、働くうえでは自分の得意不得意とどう付き合っていくか、そのうえでどう課題を乗り越えていくのかという、職業生活上の〝旅〟は長く続いていくわけです。苦手の程度も「どうやっても無理だ」という困難なものもあれば、ちょっとしたツールを利用したり、周囲のサポートを受けたりといった工夫で、できることが増えていく場合もあります。

発達障害って決して「発達しない」わけではないんですよ。僕は発達障害当事者の友人などから相談を受けたときに、半分冗談で「30代成人説で、気長にやっていこう」などと言っているのですが、ほかの人よりも時間をかけてゆっくり発達していくんだと思ったほうが気楽になれるかもしれません。

つまずいたときに大事なのは、仲間や上司、同僚などに助けてもらうこと。基本的に、みんなが得意なことを活かし合いながら働ければいいけど、苦手な部分だってゼロにはならないので、そのうえでどういう面で頑張っていくか、どう工夫していくかを探していこうよと。スタッフともよくそういう話をしていますが、発達障害かどうかという以上に、あくまで職業生活として「自分自身のキャリアをどう作っていくか」ということに向き合っていけるといいですね。

＊＊＊

「発達障害の人は単調な作業が向いている」「細かな作業が向いている」「ＩＴに強い」といった、どこか決めつけがちな部分が世間にはある。しかし、単純作業や細かい作業が苦手な当事者だって当然いる。一人ひとりのやりたいことや目指す未来をもっと丁寧に探っていける社会になったら、それはどんなに素敵なことなのだろうと思う。

ケース⑤ 浅野香織さん（仮名・36歳・無職）

「普通の人に紛れて必死に働くので、メンタルがボロボロになる」

学生時代から周りに「少し変わった子」と思われてきたという香織さん。専門学校を卒業して2つの動物病院で働いていたが、仕事上の悩みから退職して今は無職。取材の少し前にWAIS－Ⅲを受けたばかりで、まだ結果はわかっていない。ただ「私はADHDよりもASDの傾向が強いと思う」と、自己分析している。

思った言葉がすぐに出ないので常にメモを持ち歩く

取材当日。対面した香織さんは「ちょっと思うように話せるか不安があるんですけれど、なかなか言葉がうまく出てこないので」と言いながら、1枚のメモを取り出した。見るとそこには、過去の体験談や仕事上での困りごとなどがビッシリ書かれていた。

「いつも言いたいことや思い出したいことがすぐに出てこないので、こうして思いついたときにメモしておいて読み返せるようにしているんです。全然まとまってないし、あとから自分で読んでも読み取れない部分もたくさんあるんですけど、これがあると何か聞かれたときも比較的すっと答えが出せるので。もう普段からの習慣になっていますね」

香織さんの話し口調は柔らかく、ゆっくりしっかりと話す。人よりもスローな話し方をする印象だが、そのぶん自分の考えをきちんとまとめて、正確に話してくれる。ただ、その〝彼女のペース〟がこれまで周りにすべて受け入れられてきたかというと、そうではないようだ。

「昔から表現がなかなかうまくできないことがあって、周りから『ちょっと変わったタイプの子だな』と思われていたと思います。母も『扱いづらい子だ』とか、私を持て余していたようです。子供の頃からずっと母とは折り合いが悪くて。仲良し親子みたいなのに憧れた時期もあるんですけれど、そういうものからはかけ離れていて、なにかといえば口論になってしまったり、価値観が合わなかったりして。学校に行っても人間関係がうまくいかなくて、友達が作れないとか、そういうことがずっとついて回っているんですよね」

幼少期にはいじめも経験した。ただ、当時はいじめられていることにすら気がつかなかったという。

「小学校のときに、学校で歯ブラシをクラスの気が強い女の子に隠されて、その子たちは一緒になって探してくれるんですよ。『歯ブラシなくなってない？』『ここにあるかもしれないねぇ』と。すごく親身になって一緒に探してくれたように思っていたんですけれど、今考えると、私がいじめに気づかないから、しびれを切らしてバラしちゃうっていうことだったんですよね。それには大人になってから気がついて。そのときは『どっちも子供だなあ』程度にしか思っていなかったんですけれど、自分の発達障害の特性に気づき始めてから『ああいうイジワルにも気づかないで、ふわふわしちゃってるような子供だったということか……』って。時間差でショックを受けました」

そんな香織さんだが、専門学校では平穏な時間を過ごせたという。女子グループのなかに積極的に入っていくタイプではなかったが、一人でいることを気にかけてくれる同級生がいたので助けられたそうだ。動物関係の専門学校には「おとなしい子から派手な子までいろんなタイプがいましたけれど、みんな動物好きっていう共通点があったので仲良くしてこられたんだと思います。思い返せば一番幸せな時期でした」と話す。ただ、ほかのグレさんと同様に、やはり社会人になってから大きな壁にぶつかることになった。

職場ではボロが出ないように、ずっと過緊張が続いていた

専門学校卒業後は動物病院に就職。そこは医療行為の補助や事務仕事、清掃・衛生管理、薬剤の取り扱い、飼い主への対応など、予想していた以上にマルチタスクを求められる職場だったという。

「拘束時間も長かったりして、相手が生き物なので休みがないんですよね。休診日は設定されていましたけれど、入院している動物は必ずいるので。急に具合が悪くなったり矢継ぎ早に飼い主が来院するような状況もある。そういうキツさが常にありました。

これはグレーゾーンの人特有の話だと思うんですが、結局、普通の人のなかに紛れて求められることをやらなきゃって思うから、必死なんですよね。必死で仕事前に準備したり、できる人を観察してマネをして、1日12時間、ひどいときには18時間の仕事を乗り越えるんですよ。でもそのしわ寄せとして休みの日にはどこにも出かけられないくらいボロボロになったり。なんとかボロが出ないようにって集中しているから、それが年単位で蓄積されてストレス過多になり、その結果、体を壊しそうになったり、メンタル面がボロボロになる。でも仕事の時間がきたらそのほころびをキュッと締めて、表には

見せないようにって必死だったんですよね」

最初に勤めた病院は1年半で辞めることになった。体力的な疲労に加えて、動物をどこかビジネス的に扱う院長の方針にも嫌気がさしたからだ。

「私の場合は、それプラス人間関係がどこにいっても不安定なので。最初はいいんです。でも職場の狭い空間で一緒に過ごす時間が長いわけじゃないですか。そういう状況が何か月、1年って続くと、必死で自分の弱いところを隠して毎日挑んでいるから、ボロが出たりとか、『(自分の能力が低いことが)バレてしまわないか』って病んでくるんですよね。そうするとよけいに人間関係がギクシャクしてしまって、いろいろときしみ始めて。それで最初の病院では1年半経って、自分から辞めるしかないなって」

その後、別の動物病院から声がかかり、2つ目の就職先を見つけた。数か月の休業期間を経て、正社員として勤務を開始。信頼できる院長のもとで働くことに満足できていたそうだが、4年目を迎えた頃に、また人間関係でつまずきを感じ始めたという。

「1年、2年と経ってくると、いろいろな後輩が入ってきたりする。そうするとたんにうまく立ち回れなくなったんです。学校に行っていた頃は部活などもあまり熱心にやってこなかったので、後輩と接点がなかったんですよね。だから私は自分より年下、後輩との関係性構築がすごく苦手なんだってことに初めて気づいて。先輩として振る舞わなきゃいけないとか、指導役を仰せつかったりすると身動きがとれなくなるというか。だんだんと指導したり指示を出したりっていうことが増えてきて、それがとにかく難しい。『上の立場にたちなさい』って言われたときの立ち居振る舞い方がわからなかったんです」

運悪く、その翌年には大病を患ってしまった彼女。数週間の休養後には復帰するつもりだったが、いざ戻ろうというタイミングになっても気持ちがついていかない。休職中には度々勤務先との面談があったが、そのやり取りのなかでもそれとなく自主退職する方向へ促され「あぁ、切りたいってことなんだな……」と気づいたそうだ。そのショックもメンタルの不安定さに繋がったという。結果的に自主退職を選ぶことになった。

うつ病と診断されるが、薬も効果がなかった

精神科にかかるようになったのもこの頃からで、うつ病と診断された。しかし、渡された薬の効果はほぼなかったという。

「お医者さんからは『まあ、うつでしょうね』とか『うつ症状でしょうね、そういうの

は気分障害とも言うんですけれど』などと言われて、私もそうなのかなあって思っていました。あと、出される薬を飲んでも効かないので薬剤名を検索したところ、双極性障害の治療薬も処方されていることがわかって『この薬でいいのかな?』と思ったり。でも、どれもこれも効き目のない薬を繰り返していて。今考えたらきっと二次障害だったと思うんですが、結局、去年の夏まで通っていた精神科でも発達障害という言葉が出てくることはなかったです。

そしたら、カウンセリングのなかでアダルトチルドレン(AC)という指摘を受けて、ACの自助会なども紹介してもらったんです。そこに行ってみたときに発達障害のことも改めて知って、いろんな大人の発達障害に関する本を読んでみました。ああ、これだったんだなって、すごく腑に落ちた感じがして。

心療内科に通っていた頃に読んでいた本にも発達障害のことは書かれていましたけれど、それは子供のこととして書かれていたんですよね。だから『自分はもう大人だし』って思っていたんですが、巡り巡って自分に当てはまることになるとは思ってもみませんでした。本とかネットでもそれぞれ書かれていることが違うので、そういうのも読み比べたうえで、自分自身にもやっぱり当てはまるよなって思いが強まったんですよね」

先日、香織さんは初めて発達障害の診察を受けた。ＷＡＩＳ－Ⅲも受けて、今はその結果待ちだという。

「やっと専門の先生を見つけてかかることができました。ただ、診断がおりるかおりないかという段階になって、少し怖さも感じ始めていて……。『あなたは発達障害です』って言い渡されたとしても、それを公言したら色眼鏡で見られそうな気もするし。逆に『グレーゾーンだから診断には至らないね』みたいに言われたとしても、『じゃあこの生きづらさ、ツラいと思ってきた気持ちは今後どうなるの』って思うし。周りの人、私の場合まずは父と母になるでしょうけれど、どういう印象として彼らに届くんだろうってことを想像すると不安です。『甘えに名前をつけてもらいに病院に行ったんじゃないか』って思われるのではないかという不安が、新たに出ている段階ですね」

結果が出たときにどのように受け止めるのか。彼女は今、人生の一つの岐路に立っているように思えた。

ケース⑥ 佐伯順一さん（仮名・40歳・IT企業勤務）

「発達障害は治らない。だから自分が社会に適応するしかない」

就活タイミングが不況真っ盛りのロスジェネ世代ということもあり、長らくフリーター生活を送っていた順一さん。30歳で就職するも、コミュニケーション能力の壁にぶつかる。しかし現在は、困難を克服して日々、ITの仕事に勤しんでいる。

自分が社会にかかわることがとても怖かった

最後のグレさんのケースは、自分の特性と向き合いながら前を向いている人の話を紹介したい。

順一さんは高校卒業後、ゲームの専門学校に進学。しかしすぐに中退してしまい、23歳から30歳までホテルの清掃業のバイトを行っていた。深夜出勤して単純作業の清掃をし、朝方帰宅するというほとんど人と接することのない生活を送っていたそうだ。

「自分が社会にかかわるということがとても怖かったんです。給料は月15万～18万円ほど。この時期は無謀にも年金は払っていなかったし、税金も滞納していました。健康保険にも入っていなかったです。でも、これならば月15万円でも意外と気楽に一人暮らしができるんですよね。友達も彼女もいなかったので、交際費がかかりません。そんななか、インターネットが楽しくて、ちょっとしたプログラミングのようなことを行う掲示板で、ネット上の人とやり取りをしていました」

ある日、趣味でやっていたインターネットの掲示板の住人が就職をしたとの書き込みがあった。それに触発され、順一さんも就職活動を始めることにしたという。まずは国家資格を取るため、貯金が50万円しかないなか学費10万円を払ってIT系の専門学校に通い始めた。

「週2回、学校に通った結果、なんとか資格を取れました。そして、そこから企業の面接を受けたのですが、やはりフリーター期間に何をしていたのか突っ込まれましたね。圧迫面接もありました。でも、知らない会社のことを知ることができるのがだんだん楽しくなってきて。スーツを1着しか持っていないような、本当に世間知らずの30歳だったのですが、それでも面接官が対等に受け答えしてくれるのがうれしかったんです」

4社受けたうち2社の内定をもらい、2008年に就職。晴れてIT企業の正社員になれた。しかし、これで万々歳というわけにはいかなかった。実際に業務に入ってみると、絶望的にしゃべりが苦手だと気づく。業務の連絡や報告の説明がうまくできなかった。しかし、高校卒業後に少しだけゲームの専門学校で学んでいた経験もあり、技術レベルは求められている水準にあった。それなのに、ソーシャルスキルが追いついてこない。ケアレスミスも多い。そして、社会人1年目なのに、小さな会社では年上のほうだったことから年下社員に指示を出すことまで求められた。

「なんで自分が人の指示までしなきゃいけないんだという気持ちもありました。また、自分がミスをしたときに言い訳して場を混乱させてしまったり。人に頼ったり相談できず、一人で残業をして成果を上げようとしたり、だいぶひねくれているヤツだったと思います。ケアレスミスは今でも多いです。僕、多くの情報のなかから必要なものを見つけ出すことが苦手なんです。時間をかければできますが、何かを探すとき、上から順番に探していかず、途中から見ちゃって混乱するような感じで。だからとても効率が悪いんです」

医者からは「ADHDではない」と言われた

コミュニケーション能力の足りなさとミスの多さに、この頃から発達障害を疑うようになった。怒られることも多く、プレッシャーを感じて1週間の無断欠勤をしてしまう。そこで心療内科を受診。適応障害の診断を受けたが、その際医者に「ADHDの疑いはないですか？」と聞いたところ、全然違うと軽く言われた。しかし、当時の順一さんは仕事ができない理由が欲しく、ADHDと言われたかった。

その後は1週間も無断欠勤したにもかかわらず、運よく会社に復帰できた。でも、「会社員として本当にやってはいけないことをしてしまった」と、今では思っている。不況の影響などもあり、今働いている会社は3社目だ。2社目と3社目の間の時期にWAIS－Ⅲを受けたという。

「発達障害についていろいろ調べたんですが、結局治るものではないと知り、ならば今後はうまく社会に適応できるよう自分が工夫していくしかない。診断がおりる／おりないということ自体は意味がないなと思うようになりました。だから、WAIS－Ⅲは診断をもらう目的ではなく、単純にテスト自体が面白そうだと思って受けたんです。結果、言語性IQと動作性IQの差が大きく開いていました。ただ、これって誰が受けてもみんな差が出るものではないか、バランスが整っている人のほうが少ないのではないかと、ちょっと懐疑的に思っています」

テストを受けたのは医師や心理士がいるような専門の機関ではなかったためか、職員からは「傾向がありますね」程度に結果を報告されたそうだ。検査は受けたが、順一さんは診断はいらないという。発達障害は治せるものではない。ならば工夫して生きていこうと決めたのだ。ただ、ストラテラやコンサータなどの薬だけは飲んでみたいという気持ちも少しだけあるという。

日常の困りごとも工夫で乗り切ることができる

そんな順一さんは、自分の特性に関して次のような対策をしている。

「捜し物が苦手なので、パソコンの中のデータもなかなか見つけられません。でも、逆に自分で探さなくなり、ツールに頼るようになった結果、探し出すのがとても上手になりました。基本的に自分の記憶を信用していないので、誰が見てもわかるでしょうと思うものでもツールを使います。2桁の暗算もエクセルを使います。

忘れ物に関してですが、毎日必要なものは全部鞄の中に入れています。そして、鞄を変えないというのは鉄則です。絶対に必要なものは、僕の場合、交通系ICカード、財布、携帯、鍵、メガネ。この5つを出かける前に呪文のように唱えます。そして、もし財布を忘れた場合もなんとかなるよう、ICカードには限度額の2万円を入れています。ICカードさえあればコンビニにもファミレスにも行けるので、10万円くらい入れればいいのにと思ってしまいます（笑）」

このように編み出したライフハックのおかげで、今はだいぶミスが減ったという。今、順一さんは自分の特性とうまく付き合いながら生活している。では彼は、他人から「あなたは発達障害ですか？」と聞かれた場合、どう返答するのだろうか。

「なんちゃってADHDです、と答えますね。僕は今、仕事や日常生活においてそれほど深刻に困っていません。診断の分岐点は困っているか・困っていないかだと思います」

しかし、現実には困っているのに診断がおりない人もいる。「そんな人には補助が必要なのではないか」と、順一さんは続ける。

「精神論っぽくなってしまいますが、一生懸命やっても失敗したとき、その後には必ず強くなります。失敗を繰り返すことが大切だと思います。ただ、これは僕の体験談なので、理解できない人には理解できないだろうし、押し付けるつもりもありません。でも、仕事はしないと経済的な面で生きていけないし、仕事ができないということで自己肯定感がものすごく阻害されるんです。だから、第一はどうにかして仕事を頑張れるといいのかなと。逆に、プライベートに関しては人に迷惑をかけていなければ特に気にする必要はないんじゃないかと。支払いを忘れて電気やガスを止められたり、ずっと歯医者に行かなくて虫歯がひどくなったりしたって、人に迷惑はかけていないし本人の責任です。

たまに、ＩＱ自体がものすごく高かったり、難関資格を持っている人とかがいたりするじゃないですか。僕は特別突出している能力はないけれど、そのように何か得意なことがある人は、それを仕事で発揮できればさらに素敵な人になれると思うんです。ＡＤＨＤ傾向のある人って、でしゃばりや自分からガツガツ進んでいく人もいる。空気が読めないという人は、空気を読めないことで自由に意見が言えて仕事にいい影響を与えることもあります。自分の特性をプラス方面に活かしていってもらいたいです」

30歳までフリーターで、就職してからも仕事ができずに悩んだ順一さん。今、どん底にいる人にとっては彼の姿は眩しいかもしれない。しかし、可能性を早々にあきらめる必要はないという、熱いメッセージが伝わってきた。

第6章　グレさんたちが見つけた「生き抜く方法」

人それぞれに、日常の中での「ライフハック」がある

グレさんたちは仕事やプライベートでさまざまな困難を抱えている。取材のなかでは「こんなことができない」「診断がおりないので自分自身でも努力不足と思えてツライ」といった苦しみを訴える声が多く聞かれたが、もちろん本人たちも、それをなんとかしようと努力をしている。先ほど登場した順一さんのように、苦手なことに対して必死になって対策をとっている人も少なくない。それこそ、大げさな表現でもなく「生き抜くための方法」を日々探っているのだ。

そこで、この章ではこれまでの取材のなかで私が見聞きした、当事者たちが実践しているテクニックを紹介したいと思う。

◆仕事でのケアレスミスを少なくする方法

仕事の悩みで多いのが、書類の記入漏れや捺印漏れ、誤字脱字があったりするというケアレスミス。ちょっとしたミスがトラブルを引き起こす可能性もある。大きなトラブルを

引き起こさないように、どのような対策をしているのか？

「僕は、上司や同僚などにダブルチェックしてもらう態勢を作るようにしています。上司でもいいし、同僚でもいいので、誰かに見てもらうことが大切。その際には『ケアレスミスしやすいので最後にチェックしてください』といった言い方をすると、発達障害傾向を言い訳にしていると思われづらいのでオススメ」（30代男性・メーカー）

「デスクの上によけいなものを置かないようにしています。発達障害の特性で、目に入ったものに興味が移って気が散ってしまうんです。だから常にシンプルなスペースを確保しておくようにしています」（30代女性・派遣）

「デスクに個人用のパーティションをつけると、いらない情報が目や耳に入らないようになるのでいいですよ。もちろん、パーティションがつけられる職場環境に限った話だと思うんですが……」（20代男性・出版）

◆メモや電話が苦手なときの対処法

グレさんたちには「電話だと理解しづらい」という人が多かった。仕事では電話連絡をしたり、それをメモする場面が多くなるが、どう対処しているのだろうか？

「僕は耳からの情報に弱いので、なるべく口頭や電話での業務連絡をなくすようにしています。上司にもできるだけメールやビジネスチャットなどで連絡してもらうようにして、電話以外の連絡手段をお願いする。もし電話で指示を受けた場合も、その後にメールなどで『こういうことですよね？』と確認の連絡をしておく」（20代男性・IT）

「電話を受けてメモを取るのって、それ自体が『①聞く』『②メモを取る』というマルチタスクですよね。だから二重の作業を求められることになるので、そんなときはいかに作業をシンプルにさせるかだと思います。僕はメモの仕方にマイルールを作っています。取り次ぎ先の同僚の名前を1文字の記号にしてわかりやすくしたり、『折り返す』『メールする』などと書かれた、メモを取るのに丸をつけるだけで済むシートを作っておいて使うんです。とにかく動作をシンプルにすることが大切だと思います」（30代男性・電機）

「これは極論なんですが、意外と目をつぶって電話をするのが効果的でした。視覚情報をカットすることで耳からの情報に集中できるので」（20代女性・事務）

「普段から使っている携帯電話は慣れているのでいいのですが、仕事でしか使わない固定電話が急にかかってくるとパニックになる。だから固定電話の取り扱いマニュアルを自前で用意しておくんです。『一度保留にする』、『内線で○○さんにつなぐ』、『不在ならこう対応する』など、かかってきた会社ごとの対応をフローチャートにして作っておくのもいいと思います」（20代女性・メーカー）

◆忘れ物をなるべくなくす方法

忘れ物はイレギュラーな出来事の引き金の一つ。イレギュラーなことが起こることでさらにトラブルは連鎖していく。忘れ物の防止だけでなく、万が一忘れたとき、トラブルを回避する方法も考えておきたい。

「僕の場合、仕事用の鞄とプライベートの鞄を分けているのですが、その中には必ず『バッグ・イン・バッグ』を入れるようにします。薬、眼鏡ケース、サプリメント、カードキー、名刺、文房具、携帯の充電器など、絶対にいつも持ち歩かないといけないものを入れて、それをゴソッと使用する鞄に入れる。そうすることで、絶対に忘れちゃいけないものを忘れないようにしているんです」（30代男性・人材派遣）

「仕事の情報はできるだけクラウドに保管する。端末が違ってもアクセスできるので、〝データの忘れ物〟を防げますから」（20代男性・IT）

「家の鍵や財布など、大事なものを失くしたときすぐ探せるように、スマホと連動するGPS機器がいろいろあるので、それで管理するようにしていますね。へたに自分を信用しないで『絶対に失くしものをする』と決めつけてかかることが大切」（20代女性・事務）

「買い物の際、おろし忘れてお金が足りないことを防ぐため、鞄の中に大量の小銭を入れておくようにしています。あとは、電子マネーも多めにチャージしておいて、もしものときの備えにしておく」（20代男性・医療）

◆遅刻やスケジュールのミスを防ぐ方法

頻繁な遅刻は相手との信頼関係を崩しかねない。一つのことに集中すると時間を忘れてしまう、時間の逆算が苦手で作業の段取りがスムーズにいかない場合、紙に書き出すなど、できるだけ視覚化することも重要だ。

「ほかのことに気を取られて電車を乗り過ごしてしまうことを防ぐため、グーグルマップ

の乗り換えアラーム機能を使います。乗り換え時にアラームが鳴るような設定にしておくんです」（20代女性・ライター）
「朝起きてから目的地に到着するまでの1分単位のスケジュールを、紙に書き出すようにします。『なんとなく○時ぐらいに出て○分ぐらいの電車に乗る』というスケジュールの立て方だとちょっとした忘れ物や注意欠陥で遅刻を生じやすいため、なるべく細かく計画を立てるんです」（30代男性・出版）
「予定を書き込める巨大なカレンダーを部屋にかける。大きいカレンダーだと無理やり視界に入るようになるのでいいんです。スマホのカレンダーだと、自分でアプリを開かないとチェックできないので」（20代女性・介護）

◆マルチタスク対策や「先延ばし癖」を防ぐ方法

やらなきゃいけない仕事なのについつい先延ばしにして、納期ギリギリにならないと取り組めない悩みを根性論で解決することは非常に難しい。しかし、できるだけロジックに考え、自然と取り組める状況を作りたい。

「いろいろと仕事が立て込んできて『やばい』と思い始めたら、使用中じゃない会議室など誰にも邪魔されない一人の空間に行き、抱えているタスクを紙に書き出して優先順位をつけ直す作業を行っています」（20代男性・商社）

「パソコン画面のなかで、ウィンドウを2つ以上開かないようにします。複数ウィンドウが開いているだけで混乱しやすくなるので、一つの作業を終えたら、そのウィンドウを閉じるように習慣づけています」（20代女性・金融）

「会社のPCではデュアルモニター（2画面モニター）で仕事をするようにしています。目から入ってくる情報量を整理しやすくなって、1日にいくつもの業務をこなさなくちゃいけないときなどに支障が少なくなったと思います」（20代男性・IT）

「優先順位の低いタスクを先延ばししてしまう傾向があるので、『先延ばしリスト』を作っておいて、これだけに対応する日を作ってこなしていくようにしています。例えば体調が悪くてあんまり作業量をこなせなさそうな日。そういう日には『先延ばしリスト』を開いて、『まだ締め切りは先だけど、やらなくちゃいけない仕事』を徹底してつぶすようにする」（30代男性・飲食）

◆会社の同僚とうまく付き合う方法

組織において個人で完結できる仕事は少ない。コミュニケーション能力は１日、２日で培われるものではないが、まずは自分の状態を知ってもらうことが大切だ。

「急な仕事が入ってきてマルチタスクに対応しきれなくてテンパることがあります。だから付箋にタスクを書いて、ＰＣの手元のあたりに貼っておくようにしています。一つひとつのタスクが終わったら剥がしていく。それはタスク管理と同時に、付箋が大量に溜まっていたら周りに対して『今はこれくらいの仕事を抱えているので、新規の仕事が受けづらいです』と伝えやすくしている。自分の状況を“見える化”して周りにわかってもらう方法です」（30代男性・ＩＴ）

「雑談が苦手なので『できる大人のモノの言い方大全』（話題の達人倶楽部 編・青春出版社）を丸暗記して日常生活で使っています。例えば【話を引き出すときに効果的なあいづち】という項目には『と、おっしゃいますと』『ほう、そういうものですか』『それからどうしたのですか』というフレーズが載っている。臨機応変なコミュニケーションが苦手なので、基本的なことはすべてパターン化されたものを活用し、使ってみて反応を見るよう

にします」（20代男性・金融）

◆プライベートでの困りごとに関して

片づけられない、ゴミ出しを忘れる、家事の段取りができない、友達との約束を忘れてしまう。そんなプライベートでの困りごとも、シンプルな思考を心がけたりツールに頼ったりすれば、解消できることがある。

「家ではすべての物に〝定位置〟を決めて、そこにないと変だという状況を作っています。忘れ物や紛失を防ぐためです。置き場所を決めていない物は基本的に買わない」（30代男性・出版）

「スマートフォンで細かく日記を書くようにしています。記憶を定着させるのが難しいので、常に記録を残してあとから検索可能な状況を作っておくんです」（30代男性・メーカー）

「妻とのやり取りは基本的にＳｌａｃｋで行っています。必需品の買い出しや、区役所等でのやり取りなどをいつも忘れてしまうので、すべてＳｌａｃｋでタスクチェックできるようにしているんです。『まだやっていないタスク／終わったタスク』の両方がチェックできることが大切で、LINEだとトークを遡らなくちゃいけないのでわからなくなるんですよ。そのおかげで夫婦げんかも減りました」（30代男性・IT）
「騒がしい場所に行くと極端に集中力がなくなります。だからいらない音が耳に入らないように、デジタル耳栓やイヤーマフを使う。それでも入ってくる小さな音に気がとられる場合は、イヤホンを使って音楽を流して音をマスキングしたりする。ワイヤレスタイプのイヤホンだと目立たないので使いやすいですね」（20代女性・商社）

ここまで紹介したのが、グレさんや、すでに診断を受けている発達障害当事者の人たちが実際に取り入れているテクニック。もちろん、これをそのまま取り入れたからといって、生活が劇的に改善することは難しいだろう。ただ、それを自分なりにアレンジしたりして、ちょっとした心がけをすることで、ぐんと仕事や日常生活において生きやすくなるのは、今回取材させてもらったグレさんたちが実証してくれた。

「結局、自分のことを知った後に、どう自分が対処するか」

その言葉にすべてが集約されているように思える。もし、本書を読んでいるあなたが何か困りごとを抱えているのなら、その解決のヒントになればうれしい限りだ。

おわりに

私もかつて、自分はグレさんなのではないかと悩んだ時期があった。特に、就活の際、あまりにもSPI（企業が採用試験などで実施する適性検査）の数学ができず「私は学習障害なのではないか」と、友達に相談したことがある。しかし、当時はまだ発達障害の認知度も低く、私も友達も〝クロかシロ〟の二択の考えしかなかった。その結果、「暗算はできないけれど、指を使ったり筆算をすればできるのなら、ただ苦手なだけで障害ではない」という結論に至った。

そうか、私の努力不足か。子供の頃から算数ができず、苦手意識が芽生えてしまったため、真剣に取り組めなかっただけか。そう思った。しかし、算数以外の勉強は平均レベルだし、特に文章を書く能力は他の同級生よりも秀でており、どんなに大量に書いても苦痛を感じることはなかった。中高の頃は、クラスメイトが小論文や作文の添削を私に依頼することがあった。また、大学時代に家庭教師のバイトをした際、生徒の作文の宿題はほぼ私が書いたも同然のものになった。

それから10年ほどの年月が流れ、再び私は発達障害と向き合うことになる。たまたまNHKで観た発達障害特集に、なぜか猛烈に興味を抱き、液晶画面に目が釘付けになった。

そのときちょうど、「東洋経済オンライン」の編集者から連載を持ちかけられていた。編集のTさんに「発達障害ではないとは思うけれど、生きづらさを感じることがあるんです」と打ち明けると、「では発達障害をテーマに当事者のルポを書いてみましょう」という話に。デリケートなテーマであるため、果たして取材に協力してくれる当事者の方がいるのだろうかと不安を抱えながら連載をスタートさせた。しかし、そんな不安をよそに、次々と取材協力者が現れてくれた。みんな、自分の苦しみを吐き出したい、定型発達の人に自分のような人間がいることを伝えたいという人が多かった。

レギュラーで記者として仕事をしている『週刊ＳＰＡ！』でも２０１８年は2度、発達障害特集に関わった。カラーページの特集は多くても8～10ページだ。しかし、取材をすればするほど、そのページ数ではまとめられないと痛感した。ほかの疾患や障害であれば「こんな症状があればこの病気」と言いきれることがあっても、発達障害はそれができない。そんななかで、グレさんの存在が浮かび上がってきた。

グレさんは、自分に発達障害傾向があることを隠したい人が多い。前著『私たちは生きづらさを抱えている』（イースト・プレス）で取材をした当事者のなかには、「顔出し・本名で掲載してほしい」と自ら願い出る人もいた（書籍化した際は、統一感をもたせるため全員仮名の写真掲載はなしにした）。しかし、グレさんは徹底的に隠れた存在でいたがり、職場の人にも伝えていないクローズ就労の人がほとんどだ。

そもそも発達障害のこと自体をよく知らない人もいるので、そんな人に対して「発達障害の傾向があってこんなミスをしてしまう」と説明しても、誤解が生じて余計なトラブルを引き起こす恐れがある。そして「発達障害なんて言い訳だ」と言われてしまったら、診断がおりていないグレさんは言い返せなくなってしまう。それならば、黙って普通の人のふりをして働いていたほうがいい。そう思うグレさんも多い印象を受けた。

1冊目の本を出す少し前。私は不眠に悩み、心療内科を受診した。診断名は適応障害。そして「発達障害かもしれないので検査したいです」と、あくまでついでという形で検査を受けた。検査結果が出るまで1か月ほどかかった。私は発達障害なのか、そうではないのか。この1か月間はずっとソワソワしていた。もし、これで発達障害でなければ、できないことがあるのは単なる努力不足で、苦手なりに頑張ってきた自分を否定しなければいけないことが怖かった。

結果、私は〝グレさん寄りの当事者〟だった。ＡＤＨＤとＡＳＤは「傾向がある」という程度だったが、ＬＤ（計算限定）が完全に〝クロ〟で、ここはなんとかしないと仕事や日常生活に支障をきたすと医師が眉をひそめた。実際、確定申告を間違えており、80万円以上損をしていたため、早急に税理士に依頼して解決した。診断がおりてショックを受けたが、正直なところ同時に安心もした。きっと、今回取材したグレさんたちの多くもこの安心を得たかったのだろうと、今になって思う。

言葉はよくないかもしれないが、世は発達障害ブームだ。なぜこんなにブームになっているのかはっきりとわからないところもあるが、以前、ライターの渋井哲也さんと「生きづらさ」をテーマにトークイベントを行った際、「生きづらさの20年間の遍歴」について語ってくれた内容を思い出す。渋井さん曰く「始まりは身体障害、そして次は人格障害が話題になった。定期的に○○障害ブームがやってくる」とのことだった。だから今、そのブームに発達障害がおさまっている部分があるのだろう。

もう一点、発達障害がこれだけ注目されるのには時代背景を感じる。アニメの『サザエさん』を観ていると、マスオさんや波平さんのデスクには通常あるはずの仕事道具がない。そう、パソコンがないのだ。デスクにはぽつんと電話とメモ帳があるのみだ。一体何の仕事をしているのか、きちんと働いているのか不思議に思うが、それはここ十数年の感覚だ。今はパソコンやスマホの普及で、一人ひとりの仕事量がすごく増えているように思える。ただでさえマルチタスクが苦手な人にとって、大変さは増すばかりだ。

そして、もう一つ思ったのは、果たしてすべてが平均的な人間などいるのだろうかということ。あくまでWAIS－Ⅲは参考程度だが、私にはあのテストでどのジャンルもすべて等しく正答できる人がいるなんて信じられない。もし全人類が発達障害の検査を受けたらどんな結果が出るのか、興味深いところである。

また、この本を読んで「自分も発達障害かもしれない、グレーゾーンかもしれない」と思った方もいるかもしれない。働けなかったり、日常生活に支障をきたしているほど重度の症状が出ている場合、なるべく早い受診を勧めるが、そうでない場合、そこまで深刻に考えなくていいと個人的には思う。程度の差はあれ、誰にでも得手不得手はある。それは定型発達の人だってそうだし、できないことがあってもいいはずだ。

それよりも、不得手をどうカバーするか、どうすればできるだけ不得手にかかわらないで済むかを考えるほうが、日常を楽しく過ごせる。ゲーム感覚で人生の作戦を立てればいいのだ。と、偉そうなことをのたまいつつも、私自身、現在も適応障害の治療中なので生きづらさから完全に解放されていない部分もあるけど。

必要以上に生き急ぐ必要なんてない。じっくり自分の内面と向き合っていけば、グレさんであってもそうでなくても、幸福度が上がるのではないだろうか。

最後に、本書を出すにあたり関わっていただいたすべての方に感謝いたします。ご協力いただいたＯＭｇｒａｙ事務局の代表・オムさんとスタッフの方々、インタビューやリサーチにご協力いただいたグレさんたち、医師の西脇俊二先生、ＬＩＴＡＬＩＣＯの鈴木悠平さん、そしてあまりのタイトなスケジュールに、カップラーメンの作り方を間違えるほど追い詰められた際も書くモチベーションを上げてくれた、担当編集の秋山さん、本当にありがとうございました。

姫野 桂（ひめの けい）
フリーライター。1987年生まれ。宮崎市出身。日本女子大学文学部日本文学科卒。大学時代は出版社でアルバイトをし、編集業務を学ぶ。卒業後は一般企業に就職。25歳のときにライターに転身。現在は週刊誌やウェブなどで執筆中。専門は性、社会問題、生きづらさ。猫が好き過ぎて愛玩動物飼養管理士２級を取得。著書に『私たちは生きづらさを抱えている 発達障害じゃない人に伝えたい当事者の本音』（イースト・プレス）

扶桑社新書 287

発達障害グレーゾーン

発行日 2019年1月1日　初版第1刷発行
　　　 2019年6月30日　　第6刷発行

著　者………姫野 桂
　　　　　　OMgray 事務局（特別協力）
発 行 者………久保田 榮一
発 行 所………株式会社 扶桑社
〒105-8070
東京都港区芝浦1-1-1 浜松町ビルディング
電話 03-6368-8875（編集）
　　 03-6368-8891（郵便室）
www.fusosha.co.jp

DTP 制作………Office SASAI
印刷・製本………株式会社 廣済堂

Printed in Japan　ISBN 978-4-594-08130-0